シリーズ人間科学　巻頭言

一九七二年に私たちの「人間科学部」が大阪大学に生まれました。私たちの人間科学部は、心理学、社会学、教育学を中心に、哲学、人類学、生理学、脳科学などの文系から理系までの幅広い学問分野が交り合いながら、「人そのものと、人が営む社会」の理解を深めるために生まれた学部です。一九七〇年に大阪大学の近くで、大阪万博が開催されましたが、その当時は、技術の進歩や好況な経済の中で日本が沸き立っている最中でした。人々の暮らしもどんどん豊かになり、社会の営みも変わっていきました。そのような中で、私たちは、人々の暮らしの現場に寄り添い、課題を発見し、解決を目指しながら、新しい学問領域の「人間科学」を育て始めました。

それから五〇年近く経過し、私たち大阪大学人間科学部・大学院人間科学研究科の研究者はそれぞれの専門性を深めると同時に、他の学問領域の視座も取り入れることで、人の心、身体、暮らし、社会、共生を探究しながら、それぞれが自らの「人間科学」を作り上げようとしています。その成果を多くの方々に触れていただくために「シリーズ人間科学」を刊行することにしました。そして、「シリーズ人間科学」は人間科学部設立当時からある「人間科学とは何ですか?」という疑問への現時点における私たちからの回答の一つです。

「シリーズ人間科学」の第二巻のタイトルは『助ける』です。人はひとりでは生きていけません。さまざまに関わり、助けながら暮らしています。「助ける」をテーマに、一一人の研究者が集まり、それぞれの立場から原稿をまとめ上げました。「助ける」を多様な視点から見つめた本書が人間理解につながることを、読者の皆さんにも実感していただけると思います。

「シリーズ人間科学」は第一巻として『食べる』を刊行しました。第二巻の『助ける』に続いて、第三巻『感じる』も近々刊行されます。さらに、「学ぶ・教える」、「老いる」、「病む」、「争う」のように、人の「こころ」と「からだ」と「くらし」を表すタイトルを持つ続巻の刊行を予定しています。どの一冊も、あるいは一冊の本のどの章も、私たちの「人間科学」であり、人間の理解につながるものであると思います。「シリーズ人間科学」を通して、読者の皆さんと私たちの交流が、お互いに刺激的で、創造的に発展することを願っています。

大阪大学大学院人間科学研究科
「シリーズ人間科学」編集委員会

まえがき

少子高齢、過疎、災害の頻発、子どもの貧困などさまざまな難題を抱える現在の社会にあって、同時代的に、さらには世代を超えて、誰もが人間としての尊厳を持ち、支え合い、さまざまな困難に共に立ち向かえるレジリエントな共生社会の構築が望まれている。そこでは、「助ける／助けられる」という関係性と、その関係性の元で「助かった」という経験への理解も必要だ。さらには、「助けられない／助からない」ことへの心配りも忘れてはならない。共生社会の構築と「助ける」ことをめぐる思索には、さまざまな「場」での経験の積み重ねと分野を超えた知が必要であろう。大阪大学人間科学部・大学院人間科学研究科は二〇一六年に「共生学科目・共生学系」と「未来共創センター」を設置、二〇一七年には新たな共創知を生みだす仕組みとしてOOS（大阪大学オムニサイト）を始動させた。OOSは、共生社会を創造していくための産官社学連携の仕組みである。学内外のセミナーやイベントのあらゆる（オムニ）「場」（サイト）、企業・財団・社団・地方自治体・NPO／NGOなどの活動の「場」（サイト）で協働実践をする。組織、人、知の壁を越えた「助け合い」という共通価値を創出（Creating Shared Values）し、共生社会の実現への貢献を目指している。

そこで、「助ける」という行為・言葉に注目して本書を編むことにした。編者らが「助ける」というテーマと関わりだしたのは、一九九五年阪神・淡路大震災からである。編者の一人は、当時被災地に住んでいて、全国からの多くの人々から助けられるとともに、被災地の人々に助けとなればとさまざまな助ける活動に参加した。またもう一人の編者も東京の大学生として被災地に駆けつけ、避難所で過ごす人々を助けてまわった。阪神・淡路大震災以降も、日本各地で、地震だけでなく洪水などで大きな自然災害が起こり、その度に、支援の輪が広がった。編者らは、それぞれ現場の人々と真摯に向き合いながら、学び、考え、行動し、そうして、いつしか災害を通して、人々の「助ける（助けられる、助けない、助かる）」姿を人間科学の枠組みで見つめる研究者になっていた。

「助ける」行為は、人だけでなく、いのちあるものすべてが、誕生から死までの生涯を生き抜くために不可欠な行為であり、極めて日常的な行為でもある。人は一人では生きていけないことは自明であり、このことは、すべてのいのちあるものにも当てはまる。一方、「助けない」行為も、戦争、紛争、さまざまな競技から多様な場面での競争まで、極めて日常的な行為でもある。本書は、共生学系に所属し、未来共創センターのOOSを推進する二人の編者と、人間科学研究科に所属する研究者が「助ける」を多方面から捉えようとしたものである。

まず、第1部「助ける」のフィロソフィーでは、助けること・助けないことについて哲学、人類学、宗教社会学からの議論を提供する。続いて第2部「助ける」のフィールドでは、差別、ジェンダー、国際協力など多様な場面での助ける行為の実際をフィールドワークから伝える。第3部「助ける」のサイエンスでは、助ける行為を、人々の安全行為、霊長類の助け合いなどの科学的研究を通して分析した成果を紹介する。最後に、第四部「助ける」のアートでは、助け方の工夫について、カウンセリング、当事者研究、災害救援などの場面で行われている助け方の工夫を紹介し、「助ける」に関する実践的な展望を拓く。

本書を通じ、大学生や一般社会人の読者に、人間科学が包含する広範で、多様な学問分野の視点から、「助ける」のような日常的な行為を顧みることの面白さを実感していただきたいと願っている。若い世代から、人類の諸困難に共感し、その解決にコミットする人材、アントレプレナーシップを併せ持つ人材が育つことを期待したい。

シリーズ第二巻の『助ける』は、多くの方々との出会いと協働作業、ご教示、ご協力、すなわち「助ける」があって成り立ちえた。そのすべての皆様方に、感謝の意をお伝えしたい。シリーズ編集委員会委員の方々には、企画立案・校正などの面で大変にお世話になった。本書の執筆段階で大阪北部地震、そして西日本豪雨災害が発生した。そして編者らも現場へと飛び出していった。その後も災害が頻発するなか、大阪大学出版会編集者の川上展代さんと板東詩おりさんには、編集遅延の事情をあたたかく汲んで頂きながら、編集作業を進めていただいたことに感謝し、深くお礼申しあげたい。

責任編集者　渥美公秀・稲場圭信

目次

第2部　「助ける」のフィールド

第3部　「助ける」のサイエンス

第4部 「助ける」のアート

第1部

「助ける」のフィロソフィー

第1章 助けることの哲学
——災禍は避けられないし、助けることは常に失敗する、では何をなすべきか——

檜垣 立哉

1 はじめに カミュの『ペスト』

アルベール・カミュという、第二次世界大戦後の実存主義（人間の実存は本質に先立つとする思想）を代表する小説家がいた。一般的には『異邦人』という書物が知られているが、『ペスト』(1)と題された作品もよく読まれている。『ペスト』は、フランスにとって地中海の対岸、アルジェリアにあるオランという街にペストが来襲してから、それが衰退するまでを描く小説である。そこには語り手である医師リウーや、周辺の人物の右往左往ぶりが描かれるのだが、主人公ではない脇役として印象的な人物が配置されてもいる。そうした人物であるコタールは日常の世界の中では日陰者の存在である。いつか自分の密売がばれて捕まりやしないかびくびくしている。だが彼はペストの場面では（救援者にはならないが）生き生きとする。主人公のリウーに、このペストはいつまで続くのかと聞いたりもする。しかしペストが突然終焉し、街に平和が戻ると、彼はそれ憎むかのように、歓喜に湧く町にピストルを乱射し、警察に捕まる。多くの人が喜ぶ場面を彼は悲しむ。奇妙なコントラストである。しかしリウーはペストが解放された街を見ながら冷静にコタールの絶望を観察する（彼らのあいだには奇妙な友情がある）。

『ペスト』では疫病に襲われた街が描かれている。現在では、医学や衛生状態の進歩によって、こうした疫病が問題になること自身が少なくなったかもしれない。しかしペストに来襲され、ある種閉鎖された空間に閉じ込められる人々の姿は、助ける／助けられることを考える時の、一つの典型になると思う。そして、カミュが「不条理」（理屈では捉えられないこの世界のあり方）を軸とした実存主義の作家であることも、ここでは重要だろう。災害は、自然のものであれ人為的なものであれ、必ず起こり続けるし、それがなくなることはありえない。またカミュの筆致で、決して皮肉でなく描かれる、災禍を「待望」する人間の存在もまた、災禍があるこの世界を考えるときに、一つの視角を与えてくれると私には読める。

2 誰が誰を助けているのか

「助ける」ことの哲学を描くときに、考えるべき第一の点は、誰が誰を助けているのか、にあると思う。『ペスト』のコタールのように犯罪者でなくとも、実は日常生活がいやでたまらない人間はたくさんいる。病気であったり、社会にとけこめなかったり、苦労を抱えている多くの人がいる。その人たちは、実は危機において生き生きとした姿を取り戻すこともあるだろう。

これは「助ける」ことを考えるときに、ある状況では誰が誰を助けているのか、ということが問題となることを浮かび上がらせていると思える。

一見すると、助ける者と助けられる者とは、明確に区分されるように見える。災害の現場で救助を待つ者、傷ついた者、食料や医薬品を待望する者、ケアされるべき老人や幼児、これは助けられる者だと皆思うだろう。そして、どこからか現れる援助物資を運ぶ者、素人もプロも含まれる救援者、これらは助ける者だと見なされがちだ。それは無論間違いではない。だが、突然降ってわいた事態の中で、そのいずれかに区分できるのか分からない者がいる（ある状況では医師も救援者も当然傷つくし、たまたま居合わせたものが、生き延びる工夫をする以外にない）。そこでは、一種の「非日常」が現れ、日常社会の中の常識や、あるいは序列が崩れることがある。それは一種のユートピアのように描かれることさえあるだろう（コタールがそう感じたように）。またその中で、たまたま、日常にくすぶっているある者が「助ける」役割を負わされ意気に感じることもある（この点に関しては参考図書にもあげておいたR・ソルニット『災害ユートピア』を参照のこと）。

公的な救援組織やボランティア団体が、現在は相当高度なものとなり、さまざまな情報の集約や処理によって運営されていることは知られている。公的な組織やボランティアが助ける者の最前線にいるのは確かだろう。だが災害がつねに「予想不可能」であるように、救援する側は「計画」などできない。日本という場所で考えても、ほぼあらゆるところで地震、台風（水害）、山崩れ、火山、津波などの危険がある。したがって何かが生じたときに、助ける者と助けられる者とは「当初の想定を超えて」組織化されないわけにはいかない。本来的な意味で「意志的な」参加者であるボランティアは、とりあえずは止むに止まれぬという立場から何かをなさざるをえないのである。

それは当然かもしれない。私たちは誰もが傷つきやすい人間である点において等しいからである。災害以外の場面を考えても、老いや身体や精神の病は、誰にとっても人ごとではない。助けるプロも老いるし、医療従事者もガンにかかる。そのとき、誰が助けているのか／助けられるのかは可変的である。組織が予想不可能かつ状況に応じて変化することと、その組織の中で、役割もさまざまに入れ替わること。こうした相互性、動態性、柔軟性を前提としつつ、やはりこう問うてみたい。災害では誰が誰を助けているのかと。

3　助かった、ということから考える

さて、この問題を考えるにあたって、そもそも「助ける」こととは何で、いかなる状況をもつのかを考えてみたい。それは、「助けられる」ことと対の事柄にも見える。だが果たしてそうだろうか。

強い意味で誰かを助けるという場面は、実はそうそうはないかもしれない。もちろん家族に介護が必要な人がいるケースなどはあるだろう。だが、道で倒れている人を助けた、災害現場で誰かを救援したというのは、とりわけ紛争などがある場面を除けば、日々起こっていることではないように思える。またあえて「助けるぞ」というのも（きわめて日本人的な感情かもしれないが）どこか気恥ずかしかったりする。

だが、「助けられる」というのはどうだろうか。これについては「助かった」という（受動態を完了形にした）日本語を考えることからはじめてみたい。

「ああ、助かった」。こういう台詞をふと口に漏らすケースは多いはずだ。試験のとき、山をはっていた問題がでた。急いで人と会おうとするとき電車が遅れたので乗ることができた。傘をもたずに外にでたら雨が降りそうになったが濡れずに目的地にまで到達した。こういうケースで「助かったなあ」と私たちはいう。もちろん、もっと強い意味での助かった、というケースもある（重篤な病気の早期発見や、地震で家具が倒れたのにぶつからなかった、等）。ただこのよう

なケースもありようは同じである。それは、実は「誰が助けた」かは、あまり明確でないということである。

助かったというときに、助けた主体はあまりはっきりしたものではない。電車のタイミングや気象は、人為的なものとどこかで関係しても、その全体は人間の意志を超えている。病気の発見は名医の技が大きくとも、やはり偶然的でもある（その医者に看てもらったこと自体偶然である）。

もう一つ重要なことがある。災禍というべき災害でも、基本的には、こうした偶然性が基本になるということである。ペストの発生は予測しようにも難しいだろう（現在はほぼ根絶されているとはいえ）。日本で救助を考えた時、地震や台風や火山について、正確な予想はほぼ不可能である。近年の風潮として、おもに経済的な観点から、予知や観測に相当のお金をかけているのだからそこにも「責任」があるだろうという議論がある（どうして地震予知ができなかったのか、堤防の決壊が防げなかったのか云々）。もちろん、ある種の「手抜き」や「不正」は責められるべきである。だがそうはいっても、それがある程度可能になるほどまでに観測機器を置くことはそれこそ経済的にナンセンスであるだろう。世界規模で起こる甚大な風水害の原因として、地球温暖化が一つの原因だという説がある（一面は正しいだろう）。しかしそれを防ぐために、ただちにCO_2の排出量を各国合意で減らせたとしても、その成果が実現するまでは相当の困難がある。もとより地球は、人間が記録を残せる範囲内でさえ、太陽黒点の変動によって、かなり温暖期と寒冷期が繰り返されている（日本において、平安時代はそれなりに気温が高く、江戸時代は低かった）。こうした別のファクターに対して、私たちが何かできるわけではない。

さてもっと身近なことはどうなのか。これも広い意味では人為を超えた自然のなせるものではないか。この時の自然とは、自然科学のいう自然ではないかもしれない。日本語での自然が、自《おのず》と然《しか》なる、ということでもあり、一面やむをえないという意味を含む点を考えるべきだろう。災害で家が倒れたとき、すんでのところで逃げきれるかは、運命としかいいようがない部分を含む。

無論、災害ではなく戦争被害やテロを考えれば、人為的な要素は強い。だが紛争やテロであれ単純に一人の人間の意志で引き起こせるものでもない（そう見えたとしても、実相は複雑なはずである）。そこにはさまざまな歴史的な蓄積があり、それぞれの利害関係があり、複雑な背景（宗教や信条）があり、力の組織構造がある。これは自然とはいえないが、さりとて誰かの「意志」に帰するには軽率である。

ではどうすればいいのか。放っておけばよいのか。あるがままにあるのだから人生は仕方がない。一面でこういう世界観があることも確かである。だが、計画の上に精緻に成り立つ近代社会では、それではすまされない部分がある。やはり予防や防備を大切にといわれるのは確かである。さて、どう考えればよいのか。

4　中動態と助ける／助かる

繰り返すが、「助ける」ことは実は稀だということを考えてみてほしい。もちろん日常の中で「助ける」ことは数多く行われている。介護の例、いじめにあっている友人を助けること、落ち込んだ友人を慰める等々。ある人は災害ボランティアにいくことも、コンビニで募金をなすこともあるだろう。だが、助かった、（何かに）助けられたということと、こうした意志的な助けることとの不平等さに、ここでやはり注目してみたい。

「助かった」とはどういうことだろうか。それは先に述べたように、むしろたまたまに近い、ある種の偶然である。誰かに助けてもらうことはある。だが助かった、というのはたいてい偶然的なことでしかない。

さて、助けること／助かることの不平等さをどう考えればよいのだろうか。ここで、哲学者國分功一郎の中動態の記述が参考になる（参考図書、國分（二〇一七）参照）。中動態というテーマ自身は、哲学者の精神科医の木村敏などが一九九〇年代から、相当さまざまなかたちで取り上げていたものである。

動詞は、近代語以降の言語学では能動的と受動的という二つの態に分類されることが多い。私という主体が何かをなすのが能動であり、何かをされるのが受動である。こう考えると、助けることはまさに能動であり、助かることは受動である。

ただ古来、言語には中動態というものがあった。現在それが一番近いように働いている場面は、「…であるように見える」とか「…と思われる」といった表現においてである。考えてみればこれは不思議なものではない。人間の行為を分析すれば、大抵のものは、意志を持って自発的になすとも、そうではないともいえない中間的なものだからである。むしろ意志を持つ自発性の領域は、人間の行為としては独特である。実際の人間の行動とは、中動態的なこと、つまり意志があるのかないのか、どこまでが偶然なのかが不明なことが多い。

中動態は、インド＝ヨーロッパ系の言葉（現在の英語やフランス語が属している言葉）において論じられてきた。だが、まったく異なった言語のシステムを持つ日本語においても、しばしば主語が明示されず（もちろん不在ではないが）文章が成立するように、やはり「誰が」ということが言語形式の中で明確でないものは多い。中動態的な事態は人間の言葉においてよく見られることなのである。それは行為の語りは、誰が誰をということを特に明記できないことが多いからではないだろうか。それを明記すべき場面は、責任や権利を問うといったものである。そう考えれば、主語が不明瞭である助かることが、助けるという強い意味での意志を示す言葉に比べて、多くの領域を覆うのは当然でもある。そして責任や権利を問うことが近代社会の整備にともなって盛んになされることと、こうした態が消えていくことには、直接のつながりはないだろうが、何かの関連はあるようにも思える。

5　助かることの曖昧さ

さてここで、中動態という知見をもとにしながら、「助かった」ということについて、二つの事例を示してみたい。

まず、助ける／助かるという能動／受動の対から、「助かった」ということがはずれていること、つまりそれは誰かの意志や恩恵によって成立するというよりも、大抵は中動態的で曖昧な偶然に支配されているということである。

いかに単純な例をあげても人間の行為がきわめて複雑な関係性の中にあるように、いかなる行為にも中動態的な部分が含まれている。とりわけ助かったという裏面からみたときに、この側面がきわめて強い。國分がその著作において、ケアの場面を重視していることも示唆的だろう。人間はとりわけ相互の関係の中で、思いもかけない言葉や仕草がそのひとを助けてしまうこともある。逆に用意周到な準備が何の意味も持たないこともある。現場とは、実際にはそうしたハプニングに満ちているものだろう（もちろん専門家が、しっかりとした技術を持っていることは前提としても、である）。

もう一つは、中動態において意志や主体との関わりが曖昧なのであれば、そこで「助かった」ということの多くには、普通の意味での「自然」（地震や台風）だけではなく、「自ずと然なる」という意味での「自然」が、前面にでてくることがある。助ける意志に意味がないというのではない。

むしろ助けることは、最終的に完成されることはなく、自ずと然なるという偶然性を味方につけないわけにはいかないということである。

私はその意味で、先の災害で言われた「想定外」という言葉を、あまり否定的に扱うべきではないとおもう。もちろん原子力発電所の事故に関して、特定の電力会社やそれを取り巻く為政者および学者の責任、あるいはそこでの故意の不作為を問うことはなされるべきだろう（責任を問うことは、社会の内側に生きるものとして必要である）。しかし、人間にとって自然の働きを「想定」しうることは、その前提にはならない。自然科学も、あるいは病理を扱う医学も、そういう「理想」に向かって精密化されてきてはいる。だがそうであれ、自然も、その一部である人間も、そのすべてを知ることはできない。人体がどれほど精密かを知れば知るほど、到底人知の及ばない領域が自己の内部にあることに驚かざるをえない。地質学がどれほど進展しても、実際には地表の下数千メートルを正確に知ることは困難である（それでも地球の表面にすぎない）。

もちろん、近代以降の社会においては、科学と技術がその軸である限り、こうした精緻化は必ず目標として置かれるものでもある。とはいえ、災害やそうして与えられる傷について考えるとき、そうした「想定」の徹底性を基本とすることは、どこかこの世界の実際の姿を取り逃してしまうように見える。もちろん、科学の知が進むことで相当のものが助かる。またこうした科学技術に応じた輸送、情報のインフラストラクチャーを私たちは持っている以上、そこに精緻さを求めるのは当然である。だが、助ける、助かるが根本的に露呈してくる場面とは、実はそれを突き抜けているのではないだろうか。

6　生病老死と私たち

いや、もっとはっきり言おう。人間は根本的に、こういう中動態的な生を生きざるを得ないのではないか。それが生きることのベースなのではないか。

それは、生きることには個人ではどうしようもない「生病老死」が抱えこまれているからであるとおもう。誰もが、誰かから、誰かの痛み・誰かの助けをもって産まれてくる。病、老、死については避けることはできない。誰もがそこで苦しまなければならない。そして「助ける」ことは、災害や戦争において集団的事象としてクローズアップされるとしても、生病老死の現場である日常の中に目立たないかたちであれ埋め込まれていることである。

生病老死は、基本的には、古来より引き継がれてきた共同体の中で営まれる（あるいは営まれてきた）。産まれることは産婆さんの営為から病院へと場所を移すだろう。病や老化には、近代社会が先鋭化するにつれて、さまざまな対応がなされたともいえる。死への介入は、近代以降大きな話題になってきている（安楽死、尊厳死など）。しかしいかなる共同体とて、これらをうまく包摂しきることはできない。痛むもの、死にゆくものはどうであっても個人でしかない。これが哲学のある種の中心問題であったことも確かである（参考図書、小泉（二〇〇六）参照）。ただそれは私たちすべてを取り巻く問題である。

その場合、誰が何をすればいいのか。災害を想定していた「助ける」という場面は、ここでは人生の全体に広がっていく。誰もが病や老化を避けることはできず、そうした中で、互いに傷つくものが互いを助け合う以外に、生病老死に対抗する方法は、根本的にはない。ここで考えるべきことは、むしろこうした、個々人ではどうしようもなく、結局は避けることができない「苦しむこと」から、共同的であること自身が形成されていることではないだろうか（あるいは現代社会の共同体の崩壊は、こうしたシステムの脆弱化と、個々人の孤独の増大にある）。その中では、誰かが誰かを助ける。しかしながら、誰が誰を助けるかは、「世代」という問題も含みながら代替し続けるしかない。助ける人と助けられる人は固定されない。先に述べたように災害からある種のユートピア概念を取り出すことができるのは、そうした限りでの「共同性」の起源とでもいうべきものが、こうした助ける者と助けられるものの転変交代において分かりやすく見いだされるからではないか。

このことは、生病老死がどこまでいっても自然なものであり、人間がこれを避けることはできないこととも関わる。これは自ずと然なるという意味で、生きている個人にとってはどうしようもない自然である。かつてより、宗教はさまざまな形態をとりながらも、死や病や傷を軸としてある種の安らぎを与えてきただろう。それがある段階において近代科学の医療や、社会的な支援に取って代わっている。しかしながら生きている者は必ず、さまざまな痛みに遭遇する。これを避けることはできない。またこうした痛みや病に対して対抗することが人間の英知であるとはいえ、生病老死自身が克服されきることは当然ありえない。

むしろ、自然科学に対する期待は、現今において、前節で記したような完璧な予測とは別のものへ移行している面もあるように思える。何か傷を受けた時、ある病にかかった時、それがただの「偶然」であるというよりも、人はそこに何らかの原因・因果と確率を求めたがる。それを知ることは、もちろん功利的な意味を持つかもしれない。だが本当のところ、医学の素人が何をきいたところで科学的に正確な理解がなされはしない。しかし、あることが生じたことが何か原因の帰結であると説明されると、人は不思議と安心感を持つのである。この安心感は、やはり人間の営みとしての科学の大きな要素でもある。私たちは全くわけがわからない場面にいることにはなかなか耐えがたくできている生き物だからである。

別の仕方で言えば、どうしてけっして正確な予知はできない地震情報を私たちは信じるのか。プレートテクニクス理論を理解しても、それで何かが助かるかどうかに直結するかわからないのになぜ知りたがるのか（それを調べることはもちろん知のあり方として重要であるが）。こうしたものへの答えと想定されるのは、これが自然として、自ずと然なるものとしての仕方なさを自ら納得するためではないか（東南海地震は今後三〇年以内に相当程度の確率で発生し、そのケースでは日本は甚大な被害は避けがたい、というのはもう予知ではない。必然的な運命の告知でしかない）。そこで

純粋な因果や原因というよりも、複雑に絡み合った因果における偶然性によってしか結局災害は説明できないことを明示しているようにもおもわれる。

生病老死は避けることはできない。これは人間が生物であるかぎり当然のことである。地震などの災害においては、こうした日常に潜む生病老死が大規模に目の前に展開される。ペストもそうである。この意味でいえば、災害において「助ける」というのは、そもそも生物としての私たちが、共同体において生病老死に対してなしていることを、あからさまに突きつけられ考えさせられる契機であるだろう。日常生活での生病老死がいずれにせよ、自ずと然なる生とおり重なっているのであれば、それは生病老死のやむを得ないあり方が強くでてくるのである。

7 助けるべき場面とはどこで、誰がなのか

ここで生病老死の場面と、助けるということの重なりあいを示すのは、助けることが、基本的に中動態の位相で現れるということとも結びつく。そもそも助ける行為が発生する現場、あるいは助ける「意志」が成立する現場は、生病老死に代表される人間個人にとって「どうしようもない」「いかんともしがたい」場面である。生病老死において、人間は自分も他者も、いかなるものであれ「傷つく」。これは実際には自然なことであるから、人間の意志で何をどうコン

トロールしようとも、最終的にはどうしようもない部分がある。そして、まさに宗教的な中心人物が殉教者であることから垣間見られるように（キリストの象徴がその磔刑であるように）誰かが傷つくこと（災害なり、テロなり、戦争なり）で、集団の中での自らのあり方を気づかされもするのである。だから助けるということは、自分自身もまた助け、助けられるものであることを、何かによって自覚することから生じるのではないか。

日常生活での「助かった」という事態は、たいていは偶然であり、助けた相手はわからない。だが生きていることとはたくさんの「助かった」ことの連鎖でもある。実際には、そこには誰かの何かの意志が働いているのかもしれない。平和に電車に乗って学校にいけるのは、誰かの安全の確認の結果であるのかもしれない。だがそうであっても、日常とは、そこで「誰か」というのをほぼ意識しない場面である。そして、それはそれで全く構わないことである。

なぜならば、そこで「助ける」ことが成立するのは、ほぼ全員の誰もが「助ける」者でも「助かる」者であるからであり、ほぼ全員すべてが「助け」「助けられる」ものになるべきだからである。「助ける」ことで近年きわめて強い注目をあびている、本書でもクローズアップされるであろう「ボランティア」という言葉とは、もともとは「志願兵」という意味であり、「志願」としての「意志」の方に価値が置かれがちだが、一面でいえばそれはつねにまさしく「素人」であり、助けるひとは「プロ」ではありえないことが強調されるべきだろう。もちろん実際の組織分化の中でセミプロの「ボランティア」がいることは、それはそれで重要である。確かにそこで引き継がれるさまざまな知（医学や防災科学に立脚するものの、むしろ民衆知といえるもの）は有益である。だが有益であるとは何だろうか。それが功利的に有効な援助となることは、悪いことではないが、そもそものボランティアのあり方に反しかねない。生病老死の中で、やはり本質的には弱い人間が互いに世話をする。それがこの世の中の実相ではないか。こうした、誰もが傷を負う、誰もが危うい立場に立たされることの自覚が、誰でも「助ける」側にまわりうることを支えるはずである。もちろんたくさん助かった方がよい。効率的に助かった方がよい（トリアージの例など）。その意義は否定しないが、それだけを論じていることは、どこか助けることの本質から逸脱してしまいかねない。

8　結論「助ける」ことは「失敗」しつづける。それは「誤り」なのではない

ここから得られる結論は何だろうか。

再度カミュの『ペスト』に戻ろう。最後の場面で、ペストの終焉を（災害のユートピア状態の解消を）悲しみ、銃を乱射したコタールをみやりつつ、この物語の語り手である医師リウーは、災害からの解放を喜びながらも実は別の意味で苦々しげな顔をする。それは、一旦は鎮圧されたとわきたつ街のどこかで、ペスト菌は「決して死ぬことも消滅することも」なく、「部屋や穴

蔵やトランクやハンカチや反故《ほご》のなかに、しんぼう強く待ち続けていて」、再度、この街を襲うであろうことを彼は知っているからである。不発弾が破裂するかのように。そしてそれは「自然」なことだということも。

　カミュが主人公にこう思わせた意味は大きい。生病老死による「傷」、何らかの災害は、それが自然＝自ずと然なるというこの世界のあり方そのものであるが故に、決してなくなることはない。「想定外」をなくすことは意味をなさないのである。また「助ける」ことは、どれだけそこに知が集積したとしても、その都度解体されては形成されるつづけるものである。つまり、そこでの「傷」に触れてしまった者によって再度構成されるべきものである。それが「助ける」という意志的形態の原初であるならば、それはどこまでいっても、どこかで「失敗」するものでしかありえない。ただしこの結論にはいっさいネガティヴなものは含まれていない。そもそも生病老死を前提とする、傷つきやすいこの世界で、「助ける」を完遂させることはそもそもありえない。またそれが功利的なあれこれによって、ある程度うまくいったとしても、「助ける」ということで、個人の傷がすべてなくなり終わることもありえない（再度述べておくが、だから功利的であるのが悪いというのではない。数の問題ではないと言いたいのである）。

　「助ける」ことは「失敗」し続ける。それは「助ける」場面がいかにして生じるかを見れば自明なことである。だが助けることに「失敗」することは、けっして行為としての「誤り」ではない。もちろん成功でもないかもしれない。結局は、誰かは助からないからだ。ペストが終息した世界でも、ペストはどこかで再発すべく潜み続けている。災害やテロなどは、結局はどこでも発生し、いつでも生じ繰り返される。

しかし助けることに意味がないわけではない。それは、助けることにおいて何か無辜《むこ》の情動が、生病老死に晒される私たちすべての中に焚きつけられることにあるからではないか。その行為自身は失敗でも、その行為は誤りなのではない。私たちが、自然＝自ずと然なることを総コントロールできるはずがない。人間が生病老死のあり方そのものから逃げることはできないように。しかし、である。私たちは誰かを助け続けるだろうし、助け続けられるだろう。

きっとカミュの描くオランの街も、再三再四何かの災禍に襲われることだろう。そのときには、疫学的にペストは全滅させられているかもしれない。だが、自然は必ずそれに代わるものを用意する。そしてこのことは、それに熱心に対応する別のリウーを、災禍を密かに喜ぶコタールを出現させる。それは私たちが自然の上に住まう生死ある存在である限り、そうでしかありえないからである。

引用文献

（1）Ａ・カミュ（一九六九）・（宮崎嶺雄訳）『ペスト』新潮文庫

参考図書

・R・ソルニット（二〇一〇）（高槻園子訳）『災害ユートピア』亜紀書房

災害という「悲惨」である場面から、しかし人間の共同性が、通常の状態ではないユートピア性とともに立ち上がってくる事態を描く。我々すべてが避けることのできない災禍という事態の捉え直しは重要である。

・國分功一郎（二〇一七）『中道態の世界』医学書院

中動態という「失われた態」の掘り起こしをおこない、そもそも能動／受動というあり方では示されない人間の行為に光をあてる。ケアという場面を包括する、行為そのものの不定性を示す。

・小泉義之（二〇〇六）『病いの哲学』ちくま新書

古今の哲学者の文献を解釈しながら、生病老死という人間が生物であるかぎり避けがたく、対応せざるをえない事情にさまざまな面から鋭い検討を加えている。

第2章 調査研究の中立性から「かかわりあい」へ
――フィールドにおける助ける、助けられる関係から考える――

栗本 英世

1 科学と科学者は中立であるべきか

科学と科学者は中立であるべきだ。これは真と考えられている命題である。この命題には、さまざまな意味合いがある。科学と科学者にとって重要なことは客観性であって、主観性は排除されるべきである。科学の成果は人類全体の福祉の向上に役立てるべきであって、特定の政治や軍事的目的のために使用されるべきではない。等々。

科学の中立性は、「学問のための学問」が成り立つこと、あるいは科学の超越的な特権性を前提としている。しかし、ちょっと考えてみれば、この前提はある種の欺瞞であることが明らかになる。科学的研究の成果が、万民のものであるなら、特定の組織や集団が、自己の利害関心を保護し発展させるためにその成果を用いることが可能になる。その結果は公益に反するかもしれない。いかに科学が中立であっても、科学自体は、その成果が中立ではない目的に応用されることを防ぐ手段を有していない。

科学者の中立性は、狭い意味では研究対象の人々を、あくまで研究対象として扱い、人間的な相互行為の対象とはみなすべきでないことを意味している。例えば、心理学の実験の場合は、こうした中立性は遵守されるべきである。実験室のなかで、心理学者と被験者のあいだに親密な関係が成立したら、それは実験結果に影響を与えるだろう。そもそも、実験の目的や方法を詳細に説明しすぎると、そのことが被験者の行動や回答に影響を与え、望ましい「客観的」なデータが得られなくなる可能性がある。

しかし、インタビューやフィールドワークを手法とする人文・社会科学者の場合は、研究対象の人々との関係において、中立性を維持することは困難である。研究者と研究対象の人々のあいだに、ある程度の信頼関係が存在しないと、当初に期待しているような研究データを得ることはできない。そして、信頼関係は、人間的な相互作用の結果、はじめて成立する。中立性の遵守にこだわることは、研究にとっては、むしろ障害である。

また、研究の実践性は中立性と相容れない。実践性とは、研究対象に研究者が何らかの介入を試みることを意味している。この介入は、研究対象の人々が直面している、社会・政治・文化的課題の改善や解決を、あるいは、そうした課題の存在を広く知らしめることを意図したものである。つまり、実践性を志す研究は、「学問のための学問」ではない。

中立性を厳守する科学者は、ある種の「透明人間」である。それに対して、実践的な介入を試みる研究者は、自分自身を研究対象の人々と同じく、生身の人間であるとみなす。そして、さまざまな現場で、さまざまな人たちが、よりよく、より人間らしく生きる可能性について模索するのである。

「現場」とはフィールドのことである。人間科学を構成する学問的諸分野の多くは、研究室や実験室のなかで完結するのではなく、現場において調査研究の活動を営んでいる。人間科学の研究分野の一つである文化／社会人類学は、本質的にフィールドの学問であり、フィールドワーク（野外調査、臨地調査）をその手法としてきた。

本論で問題にしたいのは、人類学者と、フィールドの人たちとの「かかわりあい」（engagement）である。近代の人類学は、「参与観察」（participant observation）というフィールドワークの手法を特徴としてきた。これは、ある意味で矛盾した概念である。「参与」（参加）することは、調査者が客観的中立の立場を捨てて当事者になることを意味する。この二律背反的な状況こそが、人類学という学問の発展のダイナミズムであったのかもしれない。

近年の文化／社会人類学では、非中立性にこそ意義があると考える、「かかわりあいの人類学」（engaged anthropology, anthropology of engagement）が提唱されている。これは、学問的中立性の仮面を脱ぎ捨てて、人類学者が立場を鮮明にすることに積極的な意義を見出す動きである。代表的なものとして、セサ・ロウとサリー・メリーの「かかわりあいの人類学――多様性とディレンマ」を取り上げる。これは、二〇一〇年に刊行された『カレント・アンソロポロジー』誌の「かかわりあいの人類学」特集号の序論である。彼女らは、「かかわりあい」のあり方を以下の六つに分類している。一、共有と支援、二、教育、三、社会批評、四、連携、五、情宣、六、社会運動。[4]

以下では、人類学者としての私自身の経験にもとづき、とくにかかわりあいの「共有と支援」(sharing and support)の側面について論じる。ロウとメリーによれば、「人類学的フィールド調査は、共有、支援と個人的相互作用の日常的実践を典型的に含んでいる。こうした関係には、友人関係やときには親族関係の諸形式さえ含まれるが、かかわりあいの一形式と考えられる」。これはまさに、私と南スーダンのパリ人との約四〇年にわたる「かかわりあい」についてもあてはまる。[2] 本論では、共有と支援のなかでも、とくに本書のテーマである「助ける」関係に焦点をあてる。具体的には、研究者である私と、研究対象であるパリの人々とのあいだの、助ける、助けられる、そして助けられない関係を検討することによって、「かかわりあい」のあり方について考察する。

2　南スーダン、パリの人たちとのかかわり

南スーダンは、二〇一一年に独立を達成した世界で一番新しい主権国家である。パリ人は、国民を構成する六〇以上の民族集団の一つだ。独立以前は、スーダンの一地域として南部スーダンと呼ばれていた。スーダンでは、一九八三年に政府軍と解放戦線スーダン人民解放軍（SPLA）とのあいだで内戦が勃発し、二二年間にわたって継続した。この内戦は、パリの人たちはもちろん、私自身にも大きな影響を与えた[2]。パリ人は、南スーダンの東エクアトリア地方、ラフォン郡に居住する民族集団である。西ナイル系ルオ諸語のひとつであるパリ語を母語とする。一九八〇年代前半の人口は約一万人、現在の人口は約四万人と推定される。村に住んでいるパリ人は、農耕、牧畜、狩猟、漁撈、採集の五つを食料生産・獲得の手段とする生業経済に依存して暮らしている。基本的に自給自足的な生活を営んでおり、商品経済と市場経済の浸透の度合いは現在でも低い。

私とパリの人たちとの出会いは、一九七八年一二月のことであった[1]。当時私は、京都大学文学部の四回生だった。このときは、九二か月村に滞在した。最初に友だちになったのが、ジェルマノ・ウケッチという私とほぼ同じ年齢の若者だった。当時彼はジュバの町にある中学校の生徒だった。南部スーダンでは、子どもの全員が義務教育を受けるわけではなく、小学校に通いだす年齢もまちまちなので、二〇歳くらいの中学生はふつうであった。ウケッチは、クリス

マスと新年の休暇で村に帰っていたのだった。彼は中学生だったので英語を話すことができた。そもそも、そのおかげで私たちは友人になったのだった。私にとって彼は、パリの社会と文化に対する導入者であり、最初の調査助手でもあった。

私とウケッチは、毎日朝から晩まで行動を共にした。ある日、ウケッチの父リボワガが、私とウケッチを前にしてこう言った。「クリモトとウケッチはいつもいっしょに歩いている。これは良いことだ。クリモトに私の父の名前であるアジェリという名前を与える。今日からお前は私の息子だ。ウケッチはキョウダイだ。これからもいっしょに歩き続けるように」。パリ語の「歩く」は、「生活する、生きる」ことも意味する。こうして私は、リボワガの息子となり、以後「リボワガの息子であるアジェリ」として認知されるようになった。それは、彼の家族のメンバーとなること、そして彼の一族である父系出自集団ディエルピレのメンバーになることを意味した。さらに、ディエルピレがその一部を構成しているプゲリ集落の首長クランの、プゲリ集落のメンバーになることを意味した。ウケッチは私とほぼ年齢が同じで、プゲリ集落のリディット年齢組のメンバーであったから、私はこの年齢組にもメンバーとして加わることになった。

パリの社会は、六つの集落から構成されている。プゲリは、パリの「草分け」とみなされている重要な集落である。集落は複数の父系出自集団から構成されている。父系出自集団とは、共通の始祖の子孫であると信じている、父系で系譜をたどる人々の集団のことである。日本語では氏族や系族、英語ではクランやリニィジと呼ばれる。各集落には父系で世襲される首長がいる。その役割は、政治的というより儀礼的なものである。「階梯式年齢組システム」は、パリに特有の社会組織である(3)。一〇歳程度以上のすべてのパリ人は、四、五年間隔で年齢組に組織されている。年齢組の同輩たちは、加齢にしたがって若者、壮年、長老という三つの年齢階梯を上昇していく。壮年階梯の男たちは、社会の安寧と福祉を維持する責任を負っている。年齢組の同輩たちは、生活の多くの時間を共にすごし、生業活動や協同労働の単位となっている。この付き合いは生涯継続する。父系出自集団、あるいは一族が、社会を縦割りにしている要素であるとすると、年齢組織は横断的な要素である。

こうして、私はパリの社会に受け入れられた。それから四〇年がたち、父のリボワガは内戦中に亡くなり、ウケッチも二〇一三年に亡くなったが、現在に至るまでリボワガの息子であるアジェリ、父系出自集団ディエルピレとプゲリ集落のメンバー、およびリディット年齢組のメンバーという私のアイデンティティは変わっていない。

私は特別扱いを受けたわけではない。パリの村に一定期間居住するよそ者は、だれもがパリの名前を与えられ、父系出自集団と年齢組に受け入れられることになる。出自集団と年齢組織は、社会の二大構成要素であり、それのメンバーとして位置づけられることによってはじめて社会のなかでどう行動すべきかが決まる。言い換えれば、出自集団と年齢組織は、よそ者を受け入れるための受け皿としても機能しており、パリの社会は外部から来訪する者たちに対して開かれた社会であるといえる。これは、紛争や飢餓などさまざまな理由で、人々が民族集団の境界を越えて移動してきた南スーダンの諸社会の特徴である。

一九八五年以降、パリの人たちの運命は大きく変転した。第二次スーダン内戦の影響が直接村にも及び、多数の若者が解放戦線に参加し、多数のパリ人が難民や国内避難民になった。村もたびたび戦場となり、一九九三年二月には、パリの六集落全部が消失し、村に留まっていた人々全員が難民化した。

私は、南部スーダンでのフィールドワークを中断せざるを得なくなり、一九八六年七月に国外に撤収した。その後、一九八八年からエチオピア西部のガンベラ地方で、アニュワ人の人類学的フィールドワークを開始し、一〇年以上にわたって継続した。アニュワ人は、パリ人と歴史的・言語的にもっとも近縁の民族である。当時、ガンベラ地方にはスーダン難民を収容する巨大な難民キャンプが二つあり、解放戦線SPLAの本部や訓練センターもあった。エチオピアにおける調査は、難民やゲリラ兵士になったパリや南部スーダンの友人知人との再会の機会を与えてくれたのであった。内戦の期間中、私はエチオピアだけでなく、ケニア、ウガンダ、エジプト、イギリス、そしてスーダンの首都ハルツームでパリ人と会い、できるかぎり付き合いを続けた。二〇〇〇年から二〇〇四年にかけては、南部スーダンのSPLA支配地域を訪問する機会を得て、そこでもパリの人々と出会った。

二〇〇五年一月、包括和平合意が調印されスーダン内戦はようやく終結した。同年八月には、

図2-1 年齢組の同輩たちとモロコシのどぶろくを飲む。
プゲリ村、二〇〇七年一月。

南部スーダンの首都ジュバを一九年ぶりに再訪し、ジュバに在住する多数のパリの人たちと再会した。パリの村を再訪できたのは、二〇〇七年一月のことだった。じつに二一年ぶりの再訪であった。

以上のように、約二〇年にわたった内戦期間中も、あらゆる手段を使って、さまざまな場所でパリの人たちとのかかわりを維持した。内戦終結後は、数回にわたって村に滞在する機会を得たが、二〇一三年末以降は、ふたたび村を訪問できない状態になっている。二〇一一年七月に、南スーダン共和国として独立を達成したばかりの南部スーダンで、南スーダン人同士が殺し合う内戦が勃発したからである。

情報通信技術の発展と普及のおかげで、この一〇年ほどのあいだにパリのひとたちとのコミュニケーションのあり方は大きく変化した。現在では、直接会うことはできなくとも、携帯電話や電子メールを通じて、多くの人たちと連絡をとることができる。付き合いのあり方も変わったのである。

3　フィールドの人たちに助けられる

私は、南スーダンの村での調査中、きわめて多数の人たちに、日常的に助けられた。そもそも、村で暮らして調査をすることを認めてくれたこと自体が、大きな助けであった。もちろん、村人のほとんどは、「調査」や「研究」といった概念とは無縁であった。また、学校は知ってはいたが、大学は縁遠い存在であった。したがって私は、「パリのあり方や生き方について質問し、書き、写真を撮り、録音する人」として認知されるようになった。

パリの人たちは、たんに私を受け入れてくれただけではない。数えきれないほど多くの家で、酒と食事のもてなしを受けた。パリ人に限らず、また南部スーダンと北部スーダンの区分にかかわらず、スーダンの人々は、客人に対する並外れた歓待の精神の持ち主である。自分たちが飲食しているところに、だれかが通りかかったら、見知らぬ他人であっても「どうぞ」と招くのが礼儀である。

パリの社会において、付き合うとは、第一に共に飲み食いすることを意味する。食事は基本的に昼食と夕食の二回である。主食は、モロコシという穀物（英名 sorghum）の粉を湯で練った固粥《かたがゆ》だ。食事は、この固粥と野菜、肉、魚などを煮た副食一品がセットになったものだ。「飲む」とは酒を飲むことであり、当時村で酒といえば、モロコシから醸造したどぶろくのことを意味した。それ以外の酒はなかった。一九八〇年代以降、それ以前は町の酒であった蒸留酒（焼酎）が、村でも製造されるようになった。食べるにせよ、飲むにせよ、個人用の器はない。食べるときは、固粥の入ったヒョウタンの器一つと、おかずの入った土器か金属製の器一つを取り囲み、それぞれが手を伸ばして固粥を右手でつまみ、それをおかずに浸してから口に運ぶ。飲むときは、どぶろくの入ったおおきなヒョウタンの器を取り囲み、それを小さなヒョウタンの器ですくって飲む。小さな器はふつう一つしかない。つまり、回し飲みするのである。私は、食べ方や飲み方の作法を学習するとともに、食べることと飲むことは、まさに共同的な行為であり、文字通り共飲共食が実践されていることを身をもって学んだ。

パリの人たちの歓待の精神は、難民や国内避難民になっても変わらず発揮される。私は、パリの親族や友人を訪ねて、ケニアの難民キャンプ、ウガンダの難民定住地、スーダンの首都ハルツームの国内避難民居住地域で調査を実施した。行く先々で、酒や飲み物、そして食事のもてなしを受け、共飲共食した。ふつうの常識では、難民や国内避難民にもてなしを受けるなどといったことは、想像できないだろう。しかし、私とパリの人たちとの関係においては、これは事実である。そして、私の来訪が知れ渡ると、友人や知人たちが私が飲み食いしている家を次々と訪ねてきて、宴会状態となるのだった。

もちろん、調査研究を遂行するうえでも、多数のパリの人たちに助けていただいた。特定のテーマについてインタビューした人たちのほかに、調査助手をお願いした若者たちがいた。一九八〇年代半ばになると、私のパリ語能力はかなり上達していたが、それでもこみいった話や、神話や歴史といった口頭伝承や儀礼における祈願などの聞き取りには通訳が必要であった。また、録音した資料をローマ字化したパリ語で表記し、英語に翻訳するという複雑な作業もあった。調査助手の皆さんは、こうしたやっかいな仕事を助けてくれたのであった。

特筆すべきことは、インタビューした人や、調査助手として手伝ってくれた人から、謝礼や謝金を要求されたことは一度もないことだ。また、提供された情報や労働に対する対価として現金を支払ったことも一度もない。このことを、経済学的に説明すると、パリの人たちは、自分が提供する情報や労力が貨幣に換算できると考えてはいないということになる。ただし、私はインタビューするときには、塩、石鹸、タバコといった、パリの人たちも現金で購入しないと入手できない商品をおみやげとして持参しプレゼントすることにしていた。また、酒が入手できる場合は私が購入してインタビュー後にいっしょに飲んで、インタビューのテーマに関する議論を続けた。調査助手については、私が「調査を助けてくれ」と依頼し、承諾を得て仕事を手伝ってもらった。

調査助手は、もともと私の親族であり親密な関係にある若者に依頼した場合もあり、調査助手の仕事をしてもらった結果、親密な友人になった場合もあった。どちらの場合も、時給や日給の額で合意をして謝金を支払う関係のほうが楽だったなと思うことがある。なぜなら、いったん親密な友人関係が成立すると、以後私は彼を「助ける」義務を負うことになるからである。つまり、労働に対して賃金を支払う、受け取るという関係はその場限りであるのに対して、友人関係は一生続くのである。

私が精神的にもっとも感謝している「助け」は、儀礼的祝福だろう。パリでは、だれかが遠くに旅立つときには、親族や友人たちが集まって、前途を祝福する。水を満たしたヒョウタンの器が用意される。祝福を行う人たちは、そのなかに唾を吐きいれる。唾液には祝福の力があるとされている。旅立つ本人は、屋敷地の庭で、前を向いて座っている。祝福者たちは本人の背後に立ち、ひとりずつ芝草を器の水に浸し、本人の身体に水を振りかけながら、祝福の言葉を唱える。定型の文句は、「あなたの将来が冷たくありますように」「良く歩きますように」などである。一同は、「冷たい」「歩く」といった述語を唱和する。パリ語で「冷たい」ことは、平安や平和等、望ましい状態のことを意味する。祝福が終わると、本人は両脇を抱えられて屋敷の入り口まで連れて行かれ、器に残った水は、そこに捨てられる。これで祝福儀礼は完了である。私たちの年齢組は、一九九九年に壮年階梯から引退し、長老階梯へと昇格した。長老になると、他者を祝福できるようになる。したがってそれ以降は、親族の長老だけでなく、年齢組の同輩たちも私を祝福してくれている。
私は、村でも、町でも、難民キャンプでも、パリの人たちを訪問し日本に帰るときには、この旅立ちを祝福する儀礼を、執行してもらってきた。病気や事故はあったが、今日に至るまで息災に研究を続けてこられたのは、この祝福のおかげだと思っている。

4　フィールドの人たちを助ける

パリ人の村でフィールドワークを実施していた最初の頃、一九七八年から一九八五年まで、私は京都大学の学生であった。一九八五年三月には、大学院の博士課程を修了したため、日本の大学における籍はなくなった。その後は、講談社の野間アジア・アフリカ奨学金を二年間にわたって受給しつつ、ジュバ大学の研究員として調査研究を続けた。

ここで、助け合いに関するパリの人たちの二つの規範を確認しておこう。一、親族や友人同士は助けあうのが当然。二、持てる者が持たざる者を助けるのは当然。「当然」であるので、助けを求めるときのパリ人には、日本人のような躊躇やためらい、あるいは恥ずかしいといった感情はなく、率直に要求する。当時の私は貧乏学生であったが、それでもパリの基準からすると「持てる者」であった。人間関係が深まるにつれて、さまざまな「助け」の依頼を受けるようになった。市場経済や商品経済の浸透の度合いが低い生活を送っているとはいっても、現金が必要になる状況が生じることがある。医療と教育、そして村から町への移動に、現金が必要になることが典型的な場合だ。私に対する「助け」の要望も、こうした事例が多かった。現在に至るまで、だれのいかなる要望に、どの程度応えるべきかは、かかわりあいにおける尽きることのない悩みの種である。

町に居住し政府や国際機関の職に就いて給料を得ているパリ人たちにとっては、こうした悩みはもっと深刻だ。彼らの家には、つねに村から出てきた「居候」たちがおり、絶えず「助け」の要求を受けるからである。要求を断ることは、社会の規範から逸脱した行動とみなされる。

村での滞在中、私が悩むことなく村人たちを助けたのは、病気やケガの治療である。私は、自分が必要とする以上の薬品を持参していた。村の衛生状態と医療の状況はきわめて悪い。内戦以前の平時でも、幼児死亡率は三割程度あったと思われる。つまり、一〇人の新生児のうち、三人は五歳になるまでに死んでしまう。これは、世界的にみても最悪の数字である。発熱や下痢といった症状を訴える人は多数おり、眼病も多かった。簡単なケガが化膿してしまう症例も多い。マラリアやアメーバ赤痢は、日常的な病気であり、はしかや破傷風も人命にかかわる病気である。私自身もマラリアとアメーバ赤痢には複数回罹患し、鞭毛虫性の赤痢も一度患うことになった。また、村にはハンセン病と象皮病の感染者もいた。最初に指が欠けた、あるいは下肢や睾丸が肥大した感染者と会ったときには衝撃を受けた。感染者たちは、差別を受けることなくふつうに村で暮らしている。

村には、医師はいなかった。医師の巡回もなかった。政府の診療所が一つあり、医療助手が一名配置されていた。もちろん、診療所にも電気と水道はない。処方できる薬品は限られており、解熱剤、抗マラリア薬、抗生物質といった基礎的薬品でさえも、在庫がないことがあった。一九七八、九年当時は、使い捨ての注射針は普及しておらず、十分に消毒したとはいえない注射針を使いまわしていた。村から九〇キロメートル離れたトリットの町には病院があり、複数の医師がいた。しかし、この病院にも電気と水道はなく、ちゃんとした診断と治療が受けられるわけではなかった。

私は、解熱剤、鎮痛剤、抗マラリア薬、下痢止め、胃腸薬、アメーバ赤痢の治療薬、ふつうの目薬、抗生物質入り目薬、絆創膏、包帯、消毒液、抗生物質入り軟膏等を駆使して、病人とケガ人の治療にあたった。たくさんの人から治療の要請を受けることになった。さまざまな病気については、本を読んだり、町で知り合いの医者に尋ねたりして、いろいろと学習した。これには、自分を守るという意味もあった。おかげで、場数を踏むにつれて、病気の見立てもある程度できるようになった。治療と投薬した相手とその家族は感謝してくれたので、あらたな社会関係を築く手段にもなった。

もちろん、私の手に負える病気やケガは限られている。この問題は「助けられること」の限界を明確に認識させられることにつながった。

さて、私はある時期、調査のために四輪駆動車を使用していた。病人や負傷者の救援に、この車を使ったことが二度あった。一度目は、家畜の放牧キャンプが、トポサ人の武装集団に襲撃された一九八三年のことだった。トポサは、パリ人の東方に居住する民族集団で、パリより牧畜民としての性格が強い。当時、ウガンダから自動小銃を入手し、周辺他民族に対して軍事的に優位に立っていた。夜に襲撃のニュースが村に伝わるとにわかに騒然となった。男たちは、武装集団の追撃のために槍を手にして次々と飛び出していった。やがて数名の負傷者たちが診療所に運びこまれてきた。ふだんは昼間から酔っ払っている医療助手は、このときばかりは真剣に治療にあたり、数名に押さえつけられた負傷者の傷口を麻酔なしで縫っていた。診療所は野戦病院のようになり、血の臭いとうめき声であふれていた。深夜ではあったが、私は車を出すことを決意し、トリットの町の病院まで負傷者たちを運んだ。

二度目は、村でコレラが流行した一九八五年五月のことである。トリットの病院から医師一名を含む五名の医療チームを乗せて村に連れていった。チームは村で五泊し、患者たちを治療した。六日後、私は医療チームを町まで送った。このときの死者は三五名に達した。

先に述べたように、スーダン内戦中、パリの人たちは国境を越えて離散することになった。私は、エチオピア、ケニア、ウガンダ、スーダンの首都ハルツーム、エジプト、さらにはイギリスで、離散したパリの人たちを訪ね歩いた。当時、私のように自由に国境を越えて移動できるパリ人はいなかった。また、携帯電話とインターネットが普及した現在とは異なり、遠く離れた人とのコミュニケーションの方法は、きわめて限られていた。したがって私は、離れ離れで音信不通の家族、親族、友人たちのあいだの連絡係の役割を果たすことになった。私は、「自任のパリ大使」と自称し、安否や近況を伝え、国境を越えて分断された人々をつないだのだった。

個人レベルではなく、コミュニティのレベルでパリの人たちを助けることを試みたこともあった。二〇〇〇年代はじめに、ケニアのカクマ難民キャンプで暮らしていたパリ人のあいだで、開発と互助を目的とするＮＧＯが結成された。私は、この団体の設立にかかわり、同団体がキャンプ内にコミュニティセンターを建設したときに支援し、教科書や図書を寄付した。内戦が終結すると、パリの有志が、復興と開発を目的としたＮＰＯを設立した。私はこの団体が、村に小学校を建設するために日本大使館の草の根無償に申請することにかかわった。このプロジェクトには紆余曲折があり、結局一〇年の年月を要したが、小学校は二〇一八年に完成した。

パリの人たちと付き合いだしてから四〇年がたち、私は若者から壮年へ、さらには長老へと年齢階梯を上昇していった。また、日本の職場における地位も上昇した。内戦のあいだに、近い親族や友人たちの多数が死亡し、夫や父のいない家族が増加した。パリの社会では、こうした場合、亡き夫の男性血族が夫や父親の代役を果たす。私も複数の女性たちと子どもたちに対して、同様の役割を担うようになっている。長い年月がたち、パリの人々の運命が変転していくなかで、かかわりあいも深まるにつれて、「助ける責任」も一層重くなっているのである。

図2-2 二〇一八年八月、三年ぶりに首都ジュバを訪問。
郊外の居住地で私の歓迎のために集まってくれた一族の女性たち。大半は夫を失っている。どぶろくと焼酎を共飲し、歌と踊りも披露された。

かつて、ケニアのカクマ難民キャンプを訪問したさいに、私の年齢組の同輩と妻たちが歓迎のために集まってくれたことがあった。妻たちの数のほうがずっと多かった。内戦のために夫を失った、あるいは不在である女性たちである。例によって酒宴となり、年齢組の歌を歌い踊って盛り上がった。ある場面で、政府軍に殺された友人の妻と私とのあいだで以下のようなやりとりがあった。彼女が私に「わが夫よ」と呼びかけたので、「私は、あなたの夫ではないよ」と返した。そうすると彼女は、「なにを言っているの。あなたは夫やないの」と言ったので、一同爆笑した。こうした瞬間は、フィールドワークにおける楽しみの一つだ。しかしそれは、たんに楽しいだけではすまないのである。

5　助けられないこと

病気は、「助けられること」と「助けられないこと」が明確になる領域でもある。病気の見立てができるということは、この病人は自分の手には負えないとわかることだ。点滴などの手当てが受けられない状況だと、自力で食事を摂れないようになると死期は近い。もし、薬を嚥下できる力が残っていたら、私にできることは、鎮痛剤や解熱剤を与えることだ。そして家族には私の力はおよばないと正直に伝えることである。

パリとの付き合いのなかで、私は運命論者になった。世の中には個人の努力ではどうしようもないことがある。運の悪い人は死に、運に恵まれた人は生き残る。とりわけ、内戦のような、社会全体に大きな影響を及ぼし、その過程で多数が死亡するような状況に直面すると、個人の無力さを痛感する。こうした状況は助けられない。

個人としての私の能力には限界がある。したがって、私に助けを求めるすべての人を助けることはできない。当然、私と関係のちかい親族や友人を優先することになる。そうすると、後回しにされた人々のあいだで不満が生じることになる。人口規模が小さいパリの人々も、政治的には決して一枚岩でもない。とりわけ、内戦中や内戦後の復興のあらたな状況のなかで、人々の分断が深刻化している。私と親しい人たちが、分断され対立する諸グループのなかで、ある特定のグループに属している場合、私と彼らのかかわりあいも、ある政治的色彩を帯びることになる。こうした問題はすでに生じている。これは、かかわりあいの過程で生じる不可避の課題であると言える。

ともあれ、私にできることは、人々に寄り添い、苦難の経験をできる限り共有することだ。訪問することが、すこしでも彼らの気休めや楽しみになるのなら、それを続けることだ。そして、自分が見聞したことだけでなく、自分のかかわりあいのあり方も分析的かつ批判的に語り、書くという営為を続けることである。

6 かかわりの人類学の可能性

「助ける」というかかわりあいは、きわめて限定的にしかできないにしても、人類学者は内戦といった大状況に対して、ほかのかかわり方ができる。それは、先に紹介したロウとメリーの分類に従えば、教育、社会批評、連携、情宣、社会運動というかかわりのしかたである[2]。これらのかかわり方が総合され蓄積されたなら、いずれ大状況を変える力を持つかもしれない。そしてそれは、大状況のなかで苦しんでいる人々を「助ける」ことになるかもしれない。すくなくとも、そうした希望だけは心のどこかに抱いておきたいものである。

フィールドワークをはじめた当初、かかわりあいは、調査研究の手段であった。その後、かかわりあいが深まると、それはたんなる手段ではなくなった。では、手段ではないとしたらなんなのか。おおげさに言えば、パリの人たちとかかわることは、私の人生そのものの重要な一部になり、あるいはかかわりのなかで私の人生が形成されてきたということになる。つまり、パリの人たちとかかわること、人類学を研究すること、そして自分の人生をまっとうすることの三者が、どれが手段か目的ということなく、混然とからまりあっている状態が、四〇年のあいだに生成したのだと、私は理解している。

調査研究の対象である人々とのかかわりのあり方は、人類学者の内部でも研究テーマや研究の目的によって異なるし、人間科学を構成する諸研究分野によっても異なっている。しかし、学問の非中立性に積極的意義を見出し、調査研究の対象に実践的に介入しようと試みる、つまりかかわろうとする立場をとる研究者が等しく経験するのは、かかわることの結果、研究者自身も研究自体も変成するということだ。

「助ける–助けられる」関係は相互作用的である。本書のテーマである「助ける」は、助ける主体と助けられる客体とのあいだの一方的な関係としてではなく、つねにこの相互作用のなかで捉える必要がある。この認識は、研究者が特権的で独善的な立場をとらないための自戒としても重要である。

引用文献

（1）栗本英世（一九九六）『民族紛争を生きる人々――現代アフリカの国家とマイノリティ』世界思想社
（2）栗本英世（二〇一七）「ローカル／ナショナル／グローバルの往復運動――南スーダンの人類学的研究から見えてきたこと」『適塾』五〇号、一〇七‐一一六　適塾記念会
（3）Kurimoto, E.（1995）. Coping with enemies: Graded age system among the Pari of southeastern Sudan. *Bulletin of the National Museum of Ethnology* 20（2）: 261–311.
（4）Low, S. M., Merry, S. E.（2010）. Engaged anthropology: Diversity and dilemmas. *Current Anthropology* 51（Supplement 2）: S203–S226.

参考図書

・栗本英世（一九九六）『民族紛争を生きる人びと――現代アフリカにおける国家とマイノリティ』世界思想社

内戦、民族紛争、国家による周辺化などの状況を背景に、南部スーダンとエチオピア西部の人々と、人類学者である著者のかかわりあいを描く。

・清水展（二〇〇三）『噴火のこだま――ピナトゥボ・アエタの被災と新生をめぐる文化・開発・NGO』九州大学出版会

文化人類学者である著者がフィールドワークの対象としていたフィリピン、ルソン島の先住民アエタは、火山の大噴火によって壊滅的打撃を受けた。本書は復興と再生の過程におけるかかわりあいに関する優れた民族誌。

・稲賀繁美編（二〇〇〇）『異文化理解の倫理に向けて』名古屋大学出版会

本論文集のテーマである「異文化理解の倫理」とは、「他者とのかかわりあい方」のことである。人文・社会科学のさまざまな分野の研究者が、多様な対象とのかかわりあい方について論じる、興味深い論文集。

第3章 助ける宗教
――ご利益と救いを考える――

稲場 圭信

1 はじめに

宗教が人を「助ける」というと、ご利益、お守り、祈願、祈祷、おかげ様といった言葉を連想するであろうか。助けてもらった受け手としては、「助かる」ことになるわけだが、直接的な誰かれではなく、目に見えない力によって「助かった」「救われた」というのが宗教的な「助かる」の特徴とも言えよう。信心深くなくとも、特定の信仰をもっていなくとも、多くの人がこのような経験をしている。しかし、そういった日常的に連想可能なことを超えて教義にもとづいた救い、すなわち天国や極楽浄土などの究極的「救済」が存在するのが宗教である。はたから見ると苦難の状況は変わらず、助かっていないにもかかわらず、その助からないことにも宗教的な意味、救いがあると理解されることもある。そこにはどのような救いの構造が存在するのか。

また、一般人と同様に「助ける」行為を宗教者がしている場合には、どのように考えられるのか。特に、東日本大震災、それ以後のさまざまな災害における宗教者の支援活動が一般に知られるようになった。被災地での宗教者による活動は、炊き出し、給水、物資仕分け・配送、泥上げ、重機を使っての瓦礫・廃材撤去、読経・慰霊、心のケア、寄り添い支援など多岐にわたる。また、寺院や神社といった宗教施設が小学校や公民館のように災害時に避難所となって人を助けている。これらの「助ける」は、宗教とどのように関係があるのか。

二〇一一年三月一一日、東日本を襲った巨大地震、そして続く大津波により多くの命が犠牲となった。未曾有の大災害、甚大な被害の前に、誰もが自然の猛威と人間の無力さを感じた。続く福島第一原発事故で、当たり前としていたものが消え去った。安全神話が崩れた。そして、目に見えない放射線を恐れる私たちは目に見えない祈り、共感、心のつながりの重要性にも気がついた。七割以上が無宗教を自認する日本人の多くが犠牲者の冥福と被災者の安穏、そして被災地の復興を祈った。自分ではない他の人が「助かる」ために祈ったのである。

このように、宗教は自分が「助かる」こと、そして、他者を「助ける」こととも関係がありそうだ。本章では、人間科学における利他主義研究および宗教社会学の研究をもとに、宗教の機能、宗教的救済、宗教的利他主義、無自覚の宗教性といった観点から、宗教における「助ける」を考えることにする。

2　宗教の機能

宗教とは何であるか。宗教を学問的に探究する宗教学は一九世紀にはじまり、当初、宗教の起源を探究した。例えば、タイラー（一八三二–一九一七）は、アニミズム、すなわち、あらゆるものに精霊や霊魂が宿っているという信念をもとに、その精霊や霊魂の働きへの信仰を宗教の起源と考えた。また、フレイザー（一八五四–一九四一）は、宗教は呪術から発展したものであるとした。しかし、このような宗教の起源を求める研究は、宗教が何であるかという本質を明らかにすることは難しかった。その後、宗教を社会的機能から考える方法が見出された。例えば、デュルケーム（一八五八–一九一七）は、宗教に社会統合の機能を見出した。さらに、宗教の機能ではなく、宗教の本質を探究するために、エリアーデ（一九〇七–一九八六）は、神話から解釈学的方法により宗教的意味を取り出し、宗教の本質を聖なるものの顕現とした。

これら宗教学の歴史をここで詳述することはせずに、宗教にはさまざまな機能があるということを確認しておこう。宗教の機能という視点[1]は、宗教が個人、社会、集団に対して何をするのかということに着目している。宗教の「助ける」という機能に着目すると、お守り、救い、天国、来世、あの世などこの世における死の後の世界での救済などが思いつく。誰が助けるのか。宗教の究極的な存在、創造主、神、仏が「助ける」のか。あるいは宗教的教義、教えが「助け」となり、その教えにそって生きることで「助かる」のか。

まずは、身近な「助かる」として「お守り」を取りあげよう。身体お守りや交通安全お守りといったいわゆる「お守り」は、神仏のご加護が込められている護符である神札を小型にしたものである。掌サイズの「お守り」は、神様仏様に助けてもらうための記、ツールと言えよう。交通安全を祈願するために、新車のお祓いのために神社に参拝する人も多い。また、家を建てる際には地鎮祭が執行される。土地の神をお祀りして、工事の安全はもとより、末永い平安を祈る宗教儀礼である。神仏の加護を頂き、平穏無事の助けを願うのである。

身体お守りや交通安全祈願は予防的な意味合いがあるが、特定の課題に対して助けを求めることもある。苦しい時の神頼みという言葉もあるが、苦しい時に、あるいは、なにか問題や不安がある時に人は神仏の「助け」を求めてお願いをする。闘病平癒の祈願、受験に際しての合格祈願、出産に際しての安産祈願などがある。神社や寺院で、厄払い、厄除けをする人も多いであろう。

近年、アニメの影響で話題になるパワースポットや聖地なども「助かる」場所とも言えよう。助かる場というよりは観光地となっているところもある。しかし、世界的にみれば、聖地は宗教的な救いを求める場である。フランスのルルドの泉は、病の奇跡的治癒をもとめて、年間、数百万人が訪れる。

このように見てみると、宗教は人々を助ける多様な機能を有していることがわかる。

3　宗教的救済

(1)　心なおしと癒し

当該の問題が解決していない、助かっていないにもかかわらず、助かったということが宗教の世界にはある。そこには、どのような宗教による「助ける」の構造があるのか。「心なおし」という宗教的実践を見てみよう。

近年、座禅、瞑想などの宗教的実践を使って心を整えるノウハウや、怒りなどの感情をコントロールする方法を教える書籍やセミナーがある。そのような心理統御の技法は一九七〇年代以降、盛んになっている。その源流は、いわゆる伝統的な宗教に対して比較的新しい時期、すなわち、幕末・明治維新期から創始された新宗教にもある。それが「心なおし」と呼ばれるものだ[2]。さらに、それは懺悔や悔い改めるという宗教体験に求めることもできる。

その心なおしは、さまざまな問題を当事者がどのように受けとめるか、その心のあり方を問う。宗教的教えとして倫理的反省や自己否定を説くのだ。直面している問題や困難な状況は、自分自身の生き方、考え方を立て直すためのきっかけとも受けとめられる。そして、さまざまな葛藤の中で、自分に問題がある、自分が変わらないといけない、多くの人に支えられている、おかげさまで過ごしている、神様仏様に生かされているという気づきにより、感謝の念が深まる。心なおしは、自らを反省し、他者との関係や状況の捉え方を変えていくことに力点がおかれている。自らが変わることにより、他者との関係が回復したり、改善したりするということも起こる。しかし、結果として状況が改善されなくとも、自らの心のあり方が変わることによって、他者に対するまなざしが変化し、おかげさまで生かされているという感謝の念、謙虚さが生まれ、「助かる」という体験をするのだ。それは、癒しにもつながっている。

癒しは、精神的な面での助かりと言える。物質中心の幸福から精神面での幸福を求める動きは世界的にある。そして、精神的な面での助かりは、人間存在を身体的な部分と心の部分を合わせた全体でみることにつながっている。病気を診て人を見ていないと批判されることもある西洋近代医療に対する信頼の揺らぎもある。癒しは、身体の一部ではなく、心も含めた人間存在全体への治癒を重視するのだ。例えば、末期がん患者やその家族に対する総合的なケアをするホスピスにおいては、スピリチュアルケアといった、人間存在の全体に対する眼差しがある。(3) さらに、この世においてのみならず、死後の世界、来世での救済という宗教的な世界に接続される。

⑵ 救済

宗教にはさまざまな救済が説かれている。例えば、ヒンドゥー教においては、過去・現在・未来のつながり、原因結果の理、輪廻転生が説かれている。現在の困難な状況、悪の原因を過去の行いに求めるのである。そして、現在の行いが、来世に影響を与える。つまり、現在において善なる行いを重ねることが、来世での救いにつながるのだ。このような因果応報、輪廻転生の思想は、仏教にも受け継がれている。そして、その輪廻転生、苦難や迷いからの救いの道が説かれる。さまざまな修行や儀礼により、解脱を目指す。そこに「助かる」道がある。それが四諦八正道と呼ばれるものである。四諦とは、これは苦（苦諦）、これは苦の原因（集諦）と認識し、そして、苦の滅・無い状態（滅諦）を想起し、その苦の滅に至る道（道諦）であり、その「助かる」ための八つの方法が八正道（正見、正思惟、正語、正業、正命、正精進、正念、正定）である。

神話にはヘブライ神話をはじめとして楽園喪失や堕罪の物語がある。完全な神の世界から人間は離反して原初において罪を受け取ったとされる。そこから、ユダヤ教、キリスト教、イスラム教においては、この世における苦、災害、不正、不条理も説かれる。自らの罪を認め、悔い改めて、神に絶対的に帰依するところに罪は赦され、究極的な救いがもたらされる。ここにおいて宗教的に助かるのだ。

(3)　タブー

宗教にはさまざまな禁止、タブーが存在する。インバウンドの影響で、ムスリムの食のタブーへの対応としてハラール食が日本においても知られるようになってきた。ユダヤ教でも食のタブーがあり、鱗やヒレの無い水中の生き物（タコ、イカ、エビ、貝など）は汚らわしいものとして食べてはいけないと定められている。

食だけでなく、してはいけないことを宗教は定めている。[4] 例えば、原始仏教では、殺生をするな、盗みをするな、不正な性行為をするな、嘘をつくな、酒を飲むな等が戒律として定められ、出家者に対してはさらに厳格な戒律がある。その定めに従って生きていくことが救済につながる。宗教を信じる者にとってタブーは生きていく上で羅針盤、行動規範となっているのだ。もちろん法治国家である日本をはじめ多くの国においては法律がある。しかし、それと同等に、あるいはそれ以上に宗教による禁止、タブーが大きな力を持つ場合もある。面倒だと感じる人も多いかもしれないが、宗教を信じる者にとっては、それがあるゆえに、どのような行動をとればよいのかわかり、間違いを犯さないですむ、まさに「助かる」ということがあるのだ。

4　宗教的利他主義

ここまでは、自分が「助かる」ことを中心に、宗教の機能や救済を見てきた。次に、「他者」を「助ける」ことと宗教の関係を考えてみよう。他者を「助ける」行為は、利他主義として社会科学をはじめさまざまな領域で研究がなされてきた。そして、近年、宗教における利他主義や社会貢献の研究が盛んになっている[5]。

歴史をひも解けば、日本における宗教者の利他主義の実践、弱者への支援活動は長い歴史を持つ。身寄りのない貧窮の病人や孤老を収容する救護施設として聖徳太子や光明皇后が設けた悲田院や施薬院が慈悲にもとづく仏教実践として知られている。中世では、永観をはじめとする平安末期の浄土教の聖たちの慈善活動があった。カトリックの救貧活動もよく知られている。世界的に見て、大規模なＮＧＯの発端が一人の宗教者や宗教団体による事例が多数存在する。

このような他者を「助ける」活動を研究対象とするために、筆者は、利他主義を「社会通念に照らして、困っている状況にあると判断される他者を援助する行動で、自分の利益をおもな目的としない行動」と定義する[6]。補足的に「自分の利益をおもな目的としない」としているのは、自己満足や自尊心の充足といった内的な要因を含まない純粋な利他主義が存在するのか否かという終わりなき哲学論争を避けるためである。内的な要因は定義から除外し、現実生活に存在する行動に対して定義を与え、研究の対象として取り上げているのだ。

諸宗教は他者を「助ける」利他主義を教えとして説くが、他の人々の幸福を考えるという宗教的理念の実践は、苦しんでいる人を宗教的理想にしたがって直接に「助ける」ことを目的とする「宗教的奉仕」であり、同じ信仰を持ち実践することが他の人にとっても幸福であるという確信による「布教伝道」と弁別される。[7] 例えば、災害時の活動においては、一部の例外を除いてほとんどの宗教者・団体は、布教を一切しないという前提で救援・支援活動をしている。この「宗教的奉仕」を、筆者は、宗教的理念にもとづいた利他主義として「宗教的利他主義」と呼んでいる。

「利他」という漢字は、元来、他者の利益をはかること、他人を救うことを意味する仏教用語からきているが、利他主義自体は仏教の専売特許ではなく、諸宗教で説かれる。利他主義に関連して、チャリティという言葉があるが、それはキリスト教に源流がある。チャリティ（charity）は日本語に訳せば「慈善」となるが、その語源であるラテン語のカリタス（caritas）はギリシャ語のアガペー（agape）の訳であり、キリスト教においては神の愛と隣人愛である。特に、貧者への施しはイエスの説いた隣人愛の端的な実践であり、強盗に襲われて道端で弱っていた旅人に手をさしのべた「よいサマリア人」がモデルとされる（新約聖書「ルカの福音書」一〇章二五〜三七節）。すなわち、慈善は、宗教的背景のもと、他者へあわれみを持ち、困窮者や不幸な人を救う善意の行い、善行を意味する。

キリスト教のみならず、ユダヤ教、イスラム教、仏教など多くの宗教において、慈善は尊い行い、あるいは信仰者としての義務として説かれている。慈善は、自己の財産を分け与える喜捨とも関連している。そこには相互扶助、利他主義の思想がある。一方、神社神道は、個人的な救済を説くことに主眼が置かれていないということもあって、宗教的利他主義・社会貢献との関連での研究は少なかった。しかし、近年の研究で、近代以降の神社・神職の社会事業や社会福祉事業、終戦直後の保育園の設立や、教誨師、保護司、民生委員をはじめとした社会福祉の担い手として、神職が社会に関わってきたことが明らかになっている。

⑴　利他主義の動機

利他行動の動機はさまざまであり、一個人のなかに複数の動機が存在している場合があるが、筆者は、宗教者による利他行動の動機を理念型として三つの動機、すなわち共感、合理的選択、救済論に分類している。まず、共感であるが、困難な状況にある人への共感が利他行動の動機であるという仮説だ。第二に合理的選択だが、利他行動が自らの利益にもなるという観念にもとづいた自己の行動選択である。幸福感の享受などの内的な利益も含む。それらの内的利益は神から授かるものと捉えている場合は、第三の動機である救済論と関連する。

救済への探求がこの世における実践的態度に重要な影響を及ぼすならば、その救済への希求は宗教者の利他行動を動機付けよう。これが、第三の動機、救済論[8]である。善行や悪徳行為が評価されて、それにもとづいて救済が決まってくる。

キリスト教においては神の愛と隣人愛に利他主義が説かれている。キリスト教のみならず、ユダヤ教、イスラム教、仏教など多くの宗教において、利他行動は尊い行い、信仰者としての義務として説かれている。では、宗教者の利他行動は救済方法論上の手段に過ぎないのであろうか。もし救済論のみに動機付けられた利他行動であれば、そうなろう。しかし、これはあくまでも理念型である。先に述べたように、利他行動の動機はさまざまであり、一個人のなかに共感を含めた複数の動機が存在している場合が多い。共感などにもとづく利他行動に、宗教者の場合には救済論がお墨付きを与えるような構造になっている。

他者の苦しみ、悲しみ、痛みを理解し、反応する。これは、人間のもつレスポンシビリティという能力である。レスポンシビリティは「責任」と訳されるが、本来は「反応する（レスポンス）能力（アビリティ）」であり、神への応答という意味がある。そして、目の前に困っている、苦しんでいる人がいたら、心が反応し、助けようとする。そうした人間がもつ共感する力ともいえよう。

(2)　無自覚の宗教性

宗教は人をより利他的にするのであろうか。宗教を信じることによって、その信じた人の価値観、世界観がその宗教により培われ、その宗教により説かれる利他主義もその信者の生き方を規定し、利他的精神を滋養するのであれば、利他主義を説く宗教を信じて深い関与がある人ほど利他性が強いことになる。欧米の各種の研究において、宗教的実践が利他主義と正の相関をもつという結果が提示されている。アメリカでは、利他的精神を育てるには、宗教的環境が重要だという研究結果がある。

では、日本ではどうなのか。日本は無宗教の国と言われることがある。「あなたは何か宗教を信じていますか?」と尋ねると、七割以上の人が「よくわからない、無宗教」と答える。八割以上の人が神を信じているアメリカをはじめ他の国に比べると、日本は圧倒的に宗教人口が少ない。とすると、日本は宗教者が少ないため利他性が育ちにくい環境にあり、ボランティアなどの助け合い行動が起きにくい国ということになる。ところが、実際には、大災害が起きたときに多くの人がボランティアに駆けつけたり、義援金を送ったりする。日常的にボランティアをするなど他者のために動く人もいる。どうして、宗教人口の少ない日本社会でそうした助け合いが起こるのか。日本社会には、何か欧米とは違う要素があるだろうか。

宗教を信じている人は約二割と少数派でも、七割もの人が宗教的な心が大事だと考えている。このギャップはどういうことなのか。実は、初詣やお墓参りなど、宗教的行為であるという認識を持っているかは別として、年中行事として神様やご先祖様にお参りしようという意識を持ち、実践している人も七割いる。日本人の、こうした「無自覚に漠然と抱く自己を超えたものとのつながりの感覚と、先祖、神仏、世間に対して持つおかげ様の念」を「無自覚の宗教性」と筆者は名付けた。たしかに、自覚的に「自分は宗教者だ、宗教を信じている」という人は少ない。自分の家はおそらく仏教ではあるが、何宗であるかよくわからない。仏壇はあるが、お経を読んだことがない。そういう人たちだが、漠然とした、自分を超えたものとの「つながりの感覚」や、先祖、神仏に対する「感謝の念」、世間に対する「おかげ様の念」を抱いている。そして、この「つながりの感覚」や「おかげ様の念」が、大災害をはじめ、いざというときに、困っている人、苦しんでいる人を「助ける」ために自分も何かできないかという思いを駆り立てる。この思いが、義援金や物資を送ったり、ボランティアに参加したりという行動につながっていると考えられる。「無自覚の宗教性」が利他的精神、そして助け合いの行動につながっているのではないか。日本人を対象とした調査でも宗教的コミットメントと利他主義の相関が指摘されている。(9)

5　災害支援と宗教

東日本大震災で本殿や拝殿などが全半壊した神社は三〇〇社を超え、本堂が全半壊した寺院は四〇〇寺を超えた。一方で、指定避難所になっていない寺社教会等の宗教施設に住民が多数緊急避難し、助かっている。指定避難所となっていた小学校の体育館は板張りで、避難生活には身体的負担がかかる。一方、お寺には畳があって助かったという声もある。

被災地で宗教は地域資源として一定の力を発揮したことが明らかになった。すなわち、宗教施設には、「資源力」（広い空間と畳などの被災者を受け入れる場と、備蓄米・食糧・水といった物）があり、檀家、氏子、信者の「人的力」、そして、祈りの場として人々の心に安寧を与える「宗教力」があった[10]。

東日本大震災を機に被災者支援をする宗教者の中から立ち上がってきた臨床宗教師の取り組みがある。臨床宗教師とは、超宗派を基本とし、布教を目的とせず、病院など公共の場で悲嘆や苦悩を抱える人々の心のケアをする宗教者である。東日本大震災発生後、宮城県宗教法人連絡協議会により、心のケアのために開設された「心の相談室」の経験をもとにしている。臨床宗教師の育成は、東北大学実践宗教学寄附講座が二〇一二年度よりはじめ、その後、他大学にも研修機関が広がり、二〇一六年二月には日本臨床宗教師会が発足している。このように、災害復興の歩みにおいて、宗教者は過去の経験をもとに寄り添い支援を続けている。

宗教者のそのような活動に対する社会からの期待は高いのであろうか。『第一一回学生宗教意識調査報告二〇一三』によると、大学生は、災害時に宗教や宗教家の役割があると期待している（必ずある二〇・六パーセント、いくらかある四六・六パーセント、あまりない一五・四パーセント、とくにない一六・五パーセント）。そして、災害時に宗教家や宗教施設が果たせる役割として、「地域の人たちの避難場所となるスペースがあったら、できる限り提供する」五八・三パーセント、「被災者の心のケアのための活動に力をいれる」五〇・九パーセント、「亡くなった人たちへの供養や慰霊などのための儀礼を特別におこなう」四〇・〇パーセントである。

人々のつながりが弱体化した社会において、新しいつながりを作り出すために、近年、宗教施設が宗教関係外にも活動を広げながら、地域の中心で学びや福祉の場として、また地域をつなぐ拠点として新たな機能をもった存在へと変化した事例がある。[11]例えば、宗教施設の境内でのオープンテラス・カフェ、高齢者向けの朗読会、子育て支援の集い、また婚活イベントの開催といった地域社会に溶け込んだ形での活動の事例がある。人々の集まる場として地域住民のつながりの維持や新しいつながりの創出に取り組んでいる宗教施設が、平常時のみならず非常時においても、大きな力を発揮するであろう。

東日本大震災の被災地で緊急避難所、活動拠点として機能した宗教施設の多くが、日頃から地域社会に開かれた存在であった。宗教者が、平常時から自治体の町作り協議会や社会福祉課、防災課と連携しているところは災害時に連携の力を発揮した。祭、現代版寺子屋などに加え、NPOやボーイスカウトなど、さまざまな社会的アクターと連携した地域ぐるみの日ごろからの取り組みが、いざという時に地域住民の「助かり」につながるのだ。

6　おわりに

今、人の心に寄り添い、人の艱難辛苦に共感し、物事に幅広く対応できる力が現代人に求められている。そして、諸宗教が、そのような他者を「助ける」利他主義、他者への思いやりと実践に関する教えを持っている。畏敬の念、神仏のご加護で生かされているという感謝の念が、人を謙虚にし、自分の命と同様に他者の命も尊重させる可能性がある。無自覚の宗教性、おかげ様や恩返しといった感謝が思いやり、利他的行動の動機ともなっている。

本章では、利他主義研究および宗教社会学の研究をもとに、宗教の機能、宗教的救済、宗教的利他主義、無自覚の宗教性といった観点から宗教における「助ける」を考えた。あらためて宗教を助けるという観点からみると、宗教は自分が「助かる」こと、そして、他者を「助ける」こととも関係しており、また、多様な機能を有していることもわかった。さて、読者の皆さんはどのような機能を宗教に見出しているだろうか。

引用文献

（1）メレディス・B・マクガイア（二〇〇八）．（山中弘・伊藤雅之・岡本亮輔訳）『宗教社会学――宗教と社会のダイナミックス』明石書店

（2）島薗進（一九九六）．『精神世界の行方――現代世界と新霊性運動』東京堂出版
（3）葛西賢太・板井正斉（編）（二〇一三）．『ケアとしての宗教』明石書店
（4）井上順孝（二〇一六）．『世界の宗教は人間に何を禁じてきたか』河出書房新社
（5）稲場圭信・櫻井義秀（編著）（二〇〇九）．『社会貢献する宗教』世界思想社
（6）稲場圭信（二〇一一）．『利他主義と宗教』弘文堂
（7）岸本英夫（一九六一）．『宗教学』大明堂
（8）ウェーバー・M（一九九二）．（武藤一雄・薗田宗人・薗田坦訳）『宗教社会学』創文社
（9）三谷はるよ（二〇一六）．『ボランティアを生みだすもの――利他の計量社会学』有斐閣
（10）稲場圭信・黒崎浩行（編）（二〇一三）．『震災復興と宗教』明石書店
（11）大谷栄一・藤本頼生（編）（二〇一二）．『地域社会をつくる宗教』明石書店

参考図書

・稲場圭信（二〇一一）『利他主義と宗教』弘文堂

東日本大震災における宗教団体の動き、救援の拠点となった宗教施設、宗教者・学者の連携などを綴った第一章に加え、宗教的利他主義の構造、ソーシャル・キャピタルとしての宗教、宗教の社会貢献活動の文化・歴史的背景と法制度、宗教NGOなどを扱っている。現代社会における宗教のあり方を問う一冊。

・井上順孝（二〇一六）『世界の宗教は人間に何を禁じてきたか』河出書房新社

キリスト教、ユダヤ教、イスラム教、仏教、ヒンドゥー教などにおける、さまざまなタブー、禁止をわかりやすく紹介している。日本社会にも多くの外国人が生活しており、さまざまな宗教を持っている。彼らの生活での重要な行動規範、ルールを知るのに便利な本である。

・島薗進（一九九六）『精神世界の行方――現代世界と新霊性運動』東京堂出版

グローバルな現象として二〇世紀終わりから精神世界への関心の高まりがあり、新霊性運動が台頭している。本書は、新霊性運動、精神世界への共鳴者たちの考え方や生き方を詳述し、精神世界における知の構造、心のあり方の統御方法の意義と問題点を分析している。

第2部

「助ける」のフィールド

第4章　男性性と助けられること

山中　浩司

人々がたとえ多くの真に同情的な感情からくる行動に従事するとしても、彼らは自分たちのこうした行動が同情や親切心に動機づけられていることを認めるのを躊躇するのである。

（デール・T・ミラー）(10)

1　利他主義と利己主義

「経済人 homo economics」という言葉がある。「経済人」は、常に自分の経済利益を極大化するように選択する人で、経済学が経済現象をシミュレーションする際に想定するアクターである。これには、企業も該当する。今でも、企業の目的は利潤を最大にすることだとか、利益を上げることだとか当然のように言い、そうしない企業に対して批判的なまなざしを向ける向きもある。「経済人」の延長上には、また、心理学や社会学で使われる「合理的選択理論」という考えもある。これは、人は常に自分の利益が最大になるように合理的に行動するという考えである。米国のようにこの考えが社会規範のように浸透している社会では、人々はほかの人から変に思われないために利己的に振る舞う必要があるという。

ところが、社会心理学の論文などを読むと、「人々は「合理的人間」のモデルが予測するよりもはるかに実際には協力的な行動をとる」[1]などと書かれている。実際、人に何かを与えたり助けたりする行動に利己的な動機を弁明として必要とするほどに、逆説的にも人は利他的に行動するそうだ。これをある研究者は、現代人は利己的行動を経済行動の原則と考えているから、この規範から外れるのをひどく恐れ、恥ずかしがる、つまり、人はしぶしぶ利己的に振る舞う、などと書いてある。人の利他行動と利己行動の発動の条件などを調べる実験で、きわめて利己的に振る舞った人の動機を聞くと、利己的な振る舞いが経済社会の原則だと習ったことが、実験で自分に期待されている行動をイメージするのに影響しているそうだ。

利他的な行動についても同じようなことがある（「利他主義」については本書第三章も参照された い）。ある被験者にほかの被験者に与える報酬を決定する権限を与えると、利己的経済行動の原則にしたがって全部自分がとる人もいるが、多くの人は一定額を他の被験者に配分することを選ぶらしい。ところが、報酬を配分する行為を配分される人に分からなくすると、行動パターンが変わる。[4] これを研究者は、人は他者から自分に期待される行動のイメージに影響されると解釈している。経済社会では利己的に振る舞うべきという他者の期待に沿って利己的に振る舞う人もいれば、利己的な人間とみられたくないという他者の視線を感じて利他的に振る舞う人もいるということだ。われわれの行動はそれほど他者の鏡の中で形作られるということなのだろう。そうすると、一見利他的に見える行動が実は利己的動機にもとづいていたり、利己的動機の表明が実は利他的な動機を隠すためのカモフラージュであったりするわけで、世の中はなかなか難しいのである。

2 「助ける」行動

「ほどこせし 情けは人の為ならず 己がこころの 慰めと知れ」（新渡戸稲造）[15]

何年も前に、シャチに追われる子クジラが、種類の全然違うクジラの群れに助けられるシーンをテレビで見る機会があった。自分と異なる種の個体を動物が助けるということが非常に驚きであった。最近では、動物が自分の仲間でもない個体を助ける映像はよく目にするようになり、極端な例外的事象ではないようだ。自己保存が原則である動物が、自分を危険にさらしてまで、なぜほかの個体を助けるのかという問いは、上に述べた経済人や利己主義に関する議論を見ると、それ自体が、動物の存在の仕方についてのある種の偏見にもとづく問いであるように思えてくるのだが、しかし、興味深い問題である。

たしかに、個体が犠牲になって集団を守るというのは、きわめてありふれた事象で、アリやハチなどの社会性昆虫を見ると、いかに個々の個体には意味がないかということがわかる。哺乳類でも群れで行動する動物は仲間を守るために闘う個体がいて、動物行動学者は、血縁淘汰という考えを使って、群れを守る個体の行動を説明するようだ。簡単に言うと、自分の個体ではなく、自分の遺伝子（つまり血縁関係にある個体）を保存することが生物学的に合理的なんだという説明で、一種の合理的選択理論である。これは、進化論とも矛盾せず、より環境に適応した遺伝子が残ることになるという。しかし、必ずしも血縁関係をもつ個体を守らなくとも、相互に協力的な集団や、他の個体や集団や種と協力関係を結ぶことが生存戦略上の優位性を与えるというような議論もあるようだ。協力ゲームとか、生物学市場論とかいうようなことが言われて、「利他行動は集団に競争的な優位性を与える」[12]などと書かれている。何となく、さきほどの、「行動が同情や親切心に動機づけられていることを認めるのを躊躇する」という言葉を思い出してしまう。

ともあれ、今や表面的には利他行動は広く生物界にも見られる普遍的な現象であり、人間がそれを行ってもなんら恥ずかしくない行動であると言える。ゲーム理論などでも、出会う相手をすべて信用せずに攻撃するような行動よりも、まずは握手を、相手が攻撃すれば反撃するという温厚な行動パターンが最終的には生き残る確率が高まるというような話もある[3]。利他行動を正当化するのに、これほど利己的な利益を強調せねばならないのはやや寂しい気がするが、学術議論の多くがこうした方向をとっているので、ここでは一抹の疑問をいだきながらも、この線で話を進めようと思う。

さて、「情けは人の為ならず」ということわざは、善行の報いがめぐりめぐって自分に戻ってくるというような意味に解されているが、この種の意味であれば、英語にも同様の言い回し（One good turn deserves another）があるようで、要は親切や援助は社会をめぐって自分に返ってくるという拡大版互酬性ともいうべき原理である。ちょっと意地悪く言えば、投資行動の一種とも受け取られかねない。この原理は、やや、やっかいである。というのは、互酬性ということを前提にすれば、援助を受けた人はいずれそれを当該の人物でなくともどこかで返さねばならないというような意味合いを帯びるからで、このことは後で述べることにしよう。

「情けは人の為ならず」ということわざの意味が因果応報とか拡大版互酬性を意味しているとすれば、先にあげた新渡戸稲造の歌はこれよりもずっと近代的な響きがする。「己が心の慰めと知れ」というのはずいぶんと心理学的なあるいは精神衛生的な感じである。実際、学術の世界では、さすがに、昔かけた情けがどんなメカニズムでいずれ自分に返ってくるのかというような研究はなく、親切な行動や援助行動の効用は、もっと短期的で直接的である。

例えば、愛情という感情がさまざまな効用をもたらすという話がある。ステファン・ポストの「利他主義、幸福、そして健康――親切であることはいいことだ」[12]という論文に、そういう事例がたくさん挙げられている。マウスの実験でも、愛情をかけて毎日なでてやると、同じ餌を与えた他のマウスよりも動脈硬化が少なくなるなどと報告されている。カルカッタで貧者や病者と活動するマザー・テレサの映画を学生に見せると、唾液中の抗体、免疫グロブリンAの量が他の学生と比較して有意に増加するというような実験もある。親切な人と長寿や健康との関連を扱う疫学調査は多く、たいてい両者の間に強い相関を見出しているという。「憎まれ子世にはばかる」というが、長寿とか健康とかで見るとどうも現実は違うらしい。『クリスマス・キャロル』は、冷酷な生き方をしていればどんな結末をむかえるかという道徳物語を背景にしているけれども、道徳を持ち出すまでもなく、親切心や愛情はただちに心身の健康に結びつくというのである。

3　治療法としての善行

人の世話をする人は、ストレスが多く長生きしないのではないかというように思いやすい。子どもをたくさん抱えた母親は早死にするのではないか。実際、子どもを産むことは女性の寿命を縮めるという研究もあるようだが、しかし、他方では、子どもを育てる方が（例えば養子を迎えることでも）、そうでない場合よりも長生きだとか、子どもが一人増えるつど寿命が延びるというような報告もある。研究者の中には、人の世話をすることは健康にプラスに作用するということを主張する材料として親業を持ち出す場合もある。ＰＴＳＤを持つ退役軍人は孫の世話で症状が緩和するという研究もあり、高齢者に孫の世話をさせると寿命が延びるという医学上の議論もあるくらいだ。

これで考えるとすぐに思い浮かぶのはボランティア活動である。ボランティア活動をする人は生活満足度が高く、鬱や不安や身体症状が少ないとか、ボランティア活動で低下する死亡率の度合いは、喫煙をしないことの効果に匹敵するというような報告がある。ちなみに、喫煙はあらゆる生活習慣の中でももっとも寿命への影響が大きい項目であるから、喫煙者にボランティア活動を推奨するのは合理的である。

実際、利他主義を治療的に処方するというケースもあり、米国のアルコール依存症の自助団体であるＡＡでは、アルコールを断つ最後のステップとして他のアルコール依存症患者を無償で支援するという項目がある。おそらく、宗教的な意味での道徳心とか善行の返礼のような意味合いがあるのだと思うが、人に奉仕すること自体がある種の治療効果を持つのであろう。薬や生活習慣を指示するだけでなく、こうした社会活動を処方することもそのうちに医師の仕事の一つになるかもしれない。

ただし、やり過ぎは禁物らしく、人の世話で忙殺され義務化すると効果は反転するようなのでご用心を。

4　助けるより助けられる方が難しい

杖に縋るとも人に縋るな（日本のことわざ）

「援助を受けるよりも援助をする方が寿命を延ばすのであれば、援助されていると感じてもらうようにデザインされた介入方法は、他者を助けるために人々が行うことに力点を置くように再考されるべきかもしれない」（ブラウンほか[4]）

「援助する」ことが、結果的に、「援助する人」を「援助する」ことになるのであれば、「援助」の対象者を「援助する」のではなく、「援助」の対象者に「援助してもらう」ことが「援助」になる。実際、「援助する」よりも「援助される」方がよほど難しいのである。援助を受けることが人にとって援助するよりよほど難しいことは、専門家にはよく知られた事象であるらしく、ある研究者はこう書いている。「人々はまた、逆の方向でも「非合理」に行動する。すなわち他者からの援助を頻繁に断るのである」[1]。

これまた、合理的選択理論家たちが喜びそうなトピックである。この難問をいかにして利己的動機にもとづいて解き明かすのか。なぜ人々は、自らの生命が危険に瀕した際にさえ、他人の援助を断るのか。例えば、がん患者の三割は、人に援助を求めることについて常にまた頻繁に困難を覚えるという報告がある。[6] 自殺完遂者の多くは専門家の支援を受けることに抵抗を示すという事実もよく知られている。[1]「贈り物を受け取ることに躊躇するのはニューヨーク市の住民だけではない」と先ほどの研究者は書いている。贈り物を受け取ることを躊躇するのはほぼ普遍的に人間社会に遍在する現象だというのである。

まず、援助を断るもっともわかりやすい道理は、援助を受け入れることが当人にとってさまざまな社会的脅威を呼び起こすというものだ。例えば、夜道を車で送ろうとする男性の申し出を断る女性の動機はわかりやすい。金銭的援助もやっかいな問題をもたらすと警戒する人は多い。「貸し借りは他人」という言い方があるが、親族間で金銭の貸借を回避する人は多い。援助を受けながらその返礼ができないことに苦しむ人も多い。実際、親族や地域のつながりが非常に強い地域では、自殺率も高いとも言われている。「申し訳ない」とか「重荷になる」という言葉が、援助をからめた人間関係の複雑さと重さを表している。

先ほどの新渡戸稲造の歌であるが、「ほどこせし」の歌の後には「我れ人にかけし恵は忘れても　人の恩をばながく忘るな」という歌が続いている。自分が人にかけた恵は忘れても、人から受けた恩は忘れるな、という意味であるが、こうなると「恩知らず」という言葉は一層重苦しいものになる。「恩を返せ」と言われる方がましである。恩を忘れまいとすればするほど、恩を受けることに人は躊躇するだろう。つまり、人を援助する方は、精神も身体も健康になり、ただちにその報いを得られるのだが、援助を受ける方は、依然として前近代的な因果応報と互酬性の世界に止め置かれるのである。

援助を受けることのリスクはそれだけではない。何らかの脅威になったり、返礼ができない状況になって苦しんだりするだけでなく、援助を受けることそれ自体が被援助者の社会的地位や役割の遂行に影響する。私がやっている難病患者の聞き取り調査では、この種の行動は頻繁に出てくる。職場で自分の症状を隠して仕事を続ける人は多い。タイピングができなかったり、重い物がもてなかったり、よく見えなかったり、歩きにくかったりしても、実に多くの人はそれを隠すのである。症状と病名を告げて、支援を仰ぐことは可能だが、大抵の人は躊躇する。あそうすることが、職場での自分の地位や役割に影響することをよく知っているからである。ある難病の男性は、清掃の仕事をしているが、病気のために視力が衰えていて、現場の汚れ具合がすぐにはわからない。汚れ具合がわからなければ作業に差し障る。どうするか。彼は、一時間前に現場に赴き、どこがどのように汚れているか子細に調べる。ほかの作業者が来る頃には、すでに頭の中に念入りに掃除すべき箇所を覚えている。何食わぬ顔で作業を済ませて、彼は優秀なスタッフとしての自分の地位を守るのである。

「病人役割」という言葉が社会学にあり、近代社会では、「病人」は、自分の病気発症の責任を負うことを免除され、また、通常の社会的役割の遂行も免除され、その代わりに専門家の支援を仰がなければならないということを概念化したものだが、現実の社会で「病人役割」は必ずしもそんな風には機能しない。機能するのは一部の急性疾患の場合だけである。今日は熱があるから早退します、頭痛がするから少し休みます、脚を捻挫したので今日は外回りをやめておきます、などということは「病人役割」でカバーされて、それを援助するのも容易である。しかし、ずっと熱があったり、頭痛がしたり、歩けなかったりすれば、彼や彼女の地位や役割は再考される。だから、援助を求めず隠して頑張るのである。

恒常的な援助を受けることが、本人にとってリスクを伴うことは、わかりやすい例だが、一時的であっても人が回避する援助行動もある。これは、心理学の論文などにこまかく出ている。援助を受けるリスクというのは、誰から、どんな状況で、どんな援助を受けるのかによって細かく変動するようだ。例えば、年長者から食事をおごられたりするのは若年者にとってそれほど困難ではない。しかし、少なくとも日本では年長者が若年者におごってもらったりするのはかなり勇気がいる行動である。私の父は、九三歳だが、家族でたまに外食などをしたら、必ず自分が全額払おうとする。気がついた時にはすでに払っていることが多いから、明らかに、支払いのタイミングを周到に考えて、何が何でも払おうとしているのだろう。息子でさえこれである。部下や学生ということになればいっそうである。私も、幸いにもそういう経験はないが、学生から食事をおごってもらうのには非常な勇気と覚悟と相当な理由がいると思う。ところが、食事ではなく、贈り物をもらったりするのは日本では逆である。贈り物をするのは大抵若年者から年長者であり、大学では学生から教員への贈り物は思いのほか多いのである。この違いは私もよくわからない。援助には、制度化された意味が付随していて、例えば、食事をおごるのは目上の役割、贈り物を贈るのは恩を受けた側の役割、というような意味づけがあるからだろうか。飲み屋で酒をおごってもらうのはダメで、ビールのギフトセットをもらうのはよいというのは、いったいどういう仕組みだろうか。冒頭にあげた利己心についての論文を書いた研究者は、「経済人も、社会的世界の住人であることを忘れてはならない」と述べている。人への援助もさまざまな社会的意味合いに染め上げられているために、これを見誤ると「情けが仇」になる。

さて、援助を受ける時のいちばんやっかいな問題は、いわゆる面子である。これはアジアに特有かと思うが、必ずしもそうではない、英語でも「顔を失う（losing face）」という言い方をする。そして、これは、文化や民族の違いを問わず大抵は男性の場合に特に問題になるのである。

5　男性の援助希求行動

ようやく、タイトルの話にたどりついた。医療分野では、年齢・文化を問わず、男性は女性よりも援助要請行動をとりにくいことはよく知られている[7]。例えば、うつ病などの発症率は明らかに女性が高く、女性の発症リスクは男性の一・五～一・七倍と言われるが、自殺の完遂者はどこの国でも男性が多い。それで、本当にうつ病は女性に多いのかということを疑う研究者がいるのである。彼らがこれを疑う理由は二つある。一つは、うつ病の症状を構成するいくつかの要素（悲哀や抑鬱の感情など）が、男性の社会規範に相容れないため、こうしたことを経験していてもそれを表明しにくいということ。もう一つは、男性は、攻撃的行動、薬物やアルコールなどへの依存、危険行動といった女性とは異なった症状を呈する場合が多いということである。そうした行動を考慮した男性的うつ症状のスケールを作って調査を行うと男性の発症率の方が高くなるという報告がある[9]。

であるから、男性は、悲哀や抑鬱や虚弱といった症状を表明しにくいために、周囲や専門家の支援を受けにくい、また、怒りや依存症や危険行動といった男性に多い症状においては、そもそも支援を受ける状況にならないということだろうか。後者は社会の男性規範だけでなく、そもそも医療がもつ社会的イメージ、つまり弱った人を援助したり治療したりするということも影響している。攻撃的な人に医療機関を受診するように説得するのは難しいのである。薬物依存となれば、法的な問題もありいっそう困難である。ハラスメントの相談室などでも、カウンセリングを受ける必要のあるのは実際にはハラッサーである場合が多いと思うのだが、ハラッサーが専門家の支援を求めに来ることは希である。

前に述べたように援助を求めることは、援助を求める側の社会的地位や役割を脅かす可能性がある。例えば、母親である場合には、体がつらくても家族には隠して、食事の用意だけは続けるという話はよく聞く。社会学にはまた「病気行動」という概念もあり、伝統的な家族関係を強くもつ文化圏では、母親は入院を躊躇するというデータもある。だから、男女ともに援助を受け入れることを躊躇する理由はさまざまである。しかし、男性の場合は、この躊躇の理由は一見わかりにくく、非合理に見える。心理学の論文には、役員会の席上で同じランクの役員からのアドバイスを受け入れられないという例が出ている。[1] なんで？　と一瞬思うが、状況を思い浮かべると、なんとなく納得してしまう。それで、男性の非合理な援助拒絶行動を子細に検討する研究者も出てくるのである。

例えば、男性の中でも、成功への意欲が強い、権力志向が強い、競争意識が高い、感情を抑制する傾向が強い、こうした性質は、援助を受け入れにくくするという。[13] また、同時にそういう男性はうつ病にもなりやすいというから、リスクは倍増する。[8] 要は、援助が必要な人ほど援助を拒否する傾向が高い、という非合理な仕組みである。

しかし、どんな状況でも男性は援助を求めなかったり拒絶したりするわけではない。精神疾患の場合には、男性はカウンセリングやセラピーを受けにくいと言われるが、薬物への抵抗はそれほどではない。また、受ける援助を容易に返済できる（あるいはできると考える）場合にも、抵抗は少なくなる。借金をすることは援助を受けることになるが、借金で苦しむのは多くは男性である。何らかの明確な目的のために援助を希求することが正当化されるような場合も、男性は容易に援助を求める。例えばスポーツ選手が医師の診断を受ける場合や、ビジネスマンが事業上の重要なアドバイスを受けるような場合である。要は、仕事の一部だと思えば援助を受け入れるわけである。やっかいな存在である。

ある研究者は、男性が援助を求めたり受け入れたりする状況にとって重要な要素をいくつか指摘して、その中に問題の「標準性 normativeness」を挙げている[2]。援助を求めるべき当該の問題が、どの程度社会的に通常の問題かということが、支援を求められるかどうかに関係するというのである。例えば、与えられた課題をこなすのにも、多くの人が困難を感じる課題であれば、援助を受けるのに抵抗は少ない。しかし、課題が容易であれば援助を求めることを躊躇する人は多いという。つまり少数であること、社会の標準からはずれていることを強く意識すればするほど援助が求めにくくなる。多くの人が被災した際にはボランティアなどの援助を受け入れやすくなるが、自分の家だけが被災した場合に援助を受け入れるのは勇気がいる。これは男女を問わないかもしれないが、病気でも多くの患者がいるがんや糖尿病は援助を求めやすい。医療者も知らないような病名を告げながら支援を求めるのは難しい。したがって、社会に知られている状態ということも援助を受ける際には重要である。最近のようにさまざまな病気について報道され、製薬会社が消費者に直接処方薬の宣伝をするようになると、うつ病や、勃起不全症や、前立腺肥大など以前にはポピュラーでなく援助を求めにくかった症状も、いわば市民権を得るようになり、援助へのアクセスが容易になるかもしれない。

自分の父親や義父の様子を見ていると、しかし、高齢の男性は、こうした社会的なイメージの変化で態度を変えることは難しいようだ。アルツハイマーなどという病名は、かなり以前から一般化しているし、認知症などは老化と同義語のように使われているのに、それを告げられた本人の青天の霹靂《へきれき》のような顔つきを見ると、ああ、やっぱりわかってなかったんだ、と思ってしまう。認知症がごく当たり前の問題であると思っているのは実は周囲の人間だけということか。本人は、むしろ面子を守るために、あらゆる非合理な主張をし始めるのである。こういう人を施設のデイケアなどに連れて行くのは家族も躊躇する。あれこれと意味不明の説教を始めるか、あるいは下を向いたままひたすら帰りの時間が来るのを待つかのどちらかになる。

医療社会学者のアーサー・フランクが「寛解者の社会」という言葉を使っている[13]。要は、誰もが何らかの疾患や障害を抱えながら生きている社会という意味だが、日本社会はまさしくこうした社会である。不思議にも、人口が高齢化し、慢性疾患が疾患の主流となっている先進工業国において、自由で自立して社会に依存しないネオリベラリズム的個人観が席捲し、ボランティアはさかんだが、援助を受ける文化は衰退するという皮肉な状況である。社会の鏡の中で生きざるを得ない人間には、どのようにして人に助けてもらうかということでも、社会からイメージを提供してもらうことが必要である。

引用文献

(1) Ackerman, J. M., Kenrick, D.T.（2008）. The costs of benefits: Help-refusals highlight key trade-offs of social life. *PSPR* 12(2): 118–140.

(2) Addis, M.E., Mahalik, J. R.（2003）. Men, masculinity, and the contexts of help seeking. *American Psychologist*, 58(1): 5–14.

(3) Axelrod, R.（1980）. Effective choice in the prisoner's dilemma. *Journal of Conflict Resolution*, 24(1): 3–25.

(4) Brown, S. et al.（2003）. Providing social support may be more beneficial than receiving it: Results from a prospective study of mortality. *Psychological Science*, 14: 326.

(5) Dana, J. et al.（2006）. What you don't know won't hurt me: Costly（but quiet）exit in dictator games. *Organizational Behavior and Human Decision Processes* 100 : 193–201.

(6) Frick, E., Tyroller, M. & Panzer, M.（2007）. Anxiety, depression and quality of life of cancer patients undergoing radiation therapy: A cross-sectional study in a community hospital outpatient centre. *European Journal of Cancer Care*, 16: 130–136.

(7) Galdas, P.M., Cheater, F. & Marshall, P.（2004）. Men and health help-seeking behaviour: literature review. *Journal of Advanced Nursing* 49(6): 616–623.

（8）Good, G. E., Wood, P K.（1995）. Male gender role conflict, depression, and help seeking: Do college men face double jeopardy? *Journal of Counseling and Development*, 74(1): 70–75.

（9）Martin, L.A., Neighbors, H.W., Griffith, D.M.（2013）. The Experience of symptoms of depression in men vs women analysis of the national comorbidity survey replication. *JAMA Psychiatry*, 70(10): 1100–1106.

（10）Miller, D.（1999）. The norm of self-interest. *American Psychologist*, 54（12）: 1053–1060.

（11）Orbach, I. et al.（2007）. A chronological perspective on suicide: The last days of life. *Death Studies*, 31: 909–932.

（12）Post, S.G.（2005）. Altruism, happiness, and health: It's good to be good. *International Journal of Behavioral Medicine*, 12（2）: 66–77.

（13）Robertson, J. M., Fitzgerald, L. F.（1992）. Overcoming the masculine mystique: Preferences for alternative forms of assistance among men who avoid counseling. *Journal of Counseling Psychology*, 39: 240–246.

（14）アーサー・W・フランク（二〇〇二）（鈴木智之訳）『傷ついた物語の語り手——身体・病い・倫理』ゆみる出版

（15）新渡戸稲造（二〇〇二）『一日一言』新渡戸基金

参考図書

・伊藤公雄・山中浩司編（二〇一六）『とまどう男たち——生き方編——』大阪大学出版会

大阪大学中之島センターを拠点に二〇〇七年から継続している「生き方死に方を考える社会フォーラム」の関係者で制作した男性の生き方を考えるための本。

・大村英昭・山中浩司編（二〇一六）『とまどう男たち——死に方編——』大阪大学出版会

同じく上記フォーラムの関係者で制作した男性（だけではないが）の死に方を考えるための本。『生き方編』の姉妹編。

・石蔵文信『「男のうつ」——治らなくても働ける！——復職マニュアル』（二〇一二）日本経済新聞出版社

「夫源病」の提唱者で、男性更年期障害の専門家石蔵文信氏の男性のうつに関するマニュアル。男性の規範に関わる病気といかにうまくつきあっていくかをわかりやすく解説した好著。

第５章　「共助」の力
――差別の現場で――

髙田　一宏

１　はじめに

この章では、差別や排除にあってきた当事者が、自らの直面する問題にどう向き合い、どう乗り越えようとしてきたのかについて、「セルフヘルプ（self-help）」という概念を手がかりにして考えてみたい。例として取り上げるのは、同和地区（被差別部落）の人々である。読者の皆さんには、同和地区の人々から、当事者のつながりの大切さや当事者が元気を取り戻す道筋を学んでほしい。社会的弱者や少数派とされる人々とそうではない（と思い込んでいる）人々との関係のあり方について考えてほしい。

セルフヘルプとは何か。日本語に直訳すれば「自助」である。ただ、この言葉には注意が必要だ。「自助」には「独りで」がんばるという語感がつきまとうからである。実際には、直面する困難が大きければ大きいほど、困難に独りで立ち向かうことは難しくなる。だから、同じような境遇の人たちが体験を共有したり、情報を交換したり、知恵を出し合ったりすることがしばしば行われる。この時、セルフヘルプは、「共助」あるいは「互助」と呼ぶべき活動である。

セルフヘルプは、当事者の「共助」を超えて、法律や制度や習慣を変える運動に発展していくこともある。つい最近、二〇一七年にも、世界各地で性的虐待やセクシャルハラスメントの被害者が「私も被害者だ（Me too）」と声を上げ、性差別を告発したという出来事があった。この原稿を書いている今（二〇一八年夏）、日本でも、かつて断種手術を強制された障害者が、国を相手取って謝罪と補償を求める訴訟を起こした。セルフヘルプは、沈黙を強いられてきた当事者が声を上げることを励ます。一人ひとりの小さな声が集まって大きな声になると、社会を動かす力が生まれることさえある。

2 差別の現場で

(1) 現代の部落差別

部落差別とは、近世の被差別民が居住していた地域の出身者、在住者、それらの縁者と見なされる人々に対する見下しや排除の行為である。地域を「被差別部落」あるいは「部落」と呼び、被差別の当事者を「部落出身者」や「部落民」と呼ぶ。戦中から使われてきた行政用語の「同和」もよく使われており、社会問題としての部落問題は「同和問題」とも、被差別部落は「同和地区」ともよばれる。また、部落問題の解決を目指す教育を「同和教育」という。

同和教育には二つの課題がある。その一つは、同和地区の子どもたちの就学・学力・進路の保障を通じて、あらゆる子どもたちに教育権を保障することである。同和地区では、差別のために安定した仕事につけず、生活が不安定な家庭が少なくない。不安定な生活は日常の子育てを難しくしたり進学の道を閉ざしたりし、それが次の世代の不安定な生活につながる。このような負の連鎖を断つことが教育権保障の意義である。かつては同和地区に対する特別対策事業（同和対策事業）が行われ、社会教育施設や保育所の設置、地区を校区に含む学校への特別の教職員配置（同和加配）、高校・大学進学のための奨学金制度などが設けられていた。特別対策事業は二〇〇一年度に終了したが、同和地区と地区外の間には依然として学力や進学率の格差が存在している。

同和教育のもう一つの課題は、人権・部落問題学習を通じて、子どもたちの部落問題に対する理解を深め、部落に対する偏見や差別意識を解消していくことである。この課題については、特別対策事業の終結後、若い世代で問題に無関心な人が増えつつあること、学校で部落問題について学ぶ機会が減っていることが指摘されている(7)。また、近年は、インターネットの普及に伴って、部落差別意識が広範にまき散らされている。こうした社会情勢に対応するため、二〇一五年には「部落差別解消推進法」という法律が制定されている。

部落差別の中でもっとも深刻なのは結婚差別だといわれてきた。結婚は一生の一大事であるにもかかわらず、就職差別のように行政指導や法的な規制ができないからである。若い世代では部落出身者同士の結婚よりも部落出身者と非部落出身者の結婚のほうが圧倒的に多くなっているのは事実だが、差別解消は楽観できる状況にはほど遠い。部落出身者との結婚を忌避する意識は、依然として根強いからである。

例えば、二〇一七年に内閣府が実施した世論調査では、「同和問題に関する人権問題」としてもっとも回答が多かったのは「結婚問題で周囲の反対を受けること」の四〇・一％で、以下、「差別的な言動をされること」が二七・九％、「身元調査をされること」が二七・六％、「就職・職場で不利な扱いを受けること」が二三・五％の順になっていた(4)。

当事者にとっても、結婚差別は最も重大な差別である。数字は少し古いのだが、二〇〇〇年に大阪府で行われた同和地区住民への調査では、二八・一％の人が直接的な差別を受けたことがあると答えている。さまざまな差別の中で「いちばん印象に残っている」という答えがもっとも多かったのは「結婚のこと」の二四・七％だった。ところが、それへの対処法となると、そのうち約四割は「誰にも相談しなかった」と答え、相手方に抗議したり話し合ったりした人は約二割にとどまっていた(6)。

部落出身者が恋愛や結婚にどう向き合ってきたのかは、意外と知られていない。差別を受けて自殺や心中に追い込まれたような例が事件として取り上げられることはある。結婚差別を乗り越えた当事者が手記をまとめたり、研究者が聞き取り調査をしたりして、活字になることもある。だが、世に知られる例は、本当にごくわずかである。「事件」として明るみに出るのは、差別の「氷山の一角」である。

(2)　沈黙を破る――Aさんの場合――

このような結婚差別の見えにくさについて考えるようになったのは、今から十数年前、被差別体験の聞き取り調査をしているとき、ある男性に出会ってからである。この男性（仮にAさんとする）は、それまでに二度、相手の親から交際や結婚に反対された体験をもっていた。そんな体験を経て、恋愛に臆病になっている自分を、Aさんは次のように語ってくれた（聞き取りは二〇〇〇年一〇月に実施）。

「やっぱり経験してからは臆病になりましたね。はじめから自分がそういうとこ（同和地区）に住んでるっていうんじゃなくて、『そんなんあるらしいけどどう思う？』みたいな探りを入れてね。それで彼女の反応によって、『いやあ、あんなとこの人とはなあ……』っていうんやったら、もう身引きますし。『そんなん別に気にせえへんよ』って言っても、『親はどう思ってるんかなあ？』とか聞い

『いやあ、親はだいぶ嫌ってるみたいや』言われたら、それもまた身引きますしね。『別に私の親も何も思うてないよ』って言うてくれるんやったらいけますけど。でもね、実際、親の口から聞くまでは怖いんですよ。親は自分の娘の前だけでええように言うてたりする場合もあるんで。」

差別を受けたことやその後の心境の変化を、Aさんは家族に語ったことがない。Aさんの親きょうだいも結婚のことでは苦労したから、Aさんが差別を受けたことを知れば、きっと家族は悲しんだり怒ったりするにちがいない。けれどもその気持ちを持っていく場はどこにもない。だからこそ言えないのである。さらにいえば、部落出身者が自ら「身を引く」場合、そもそも差別行為自体がおこらない。その時、相手は、当事者の苦しみも自らの差別意識にも気がつかないままである。差別が深刻であればあるほど、差別は見えなくなっていく。現代の結婚差別は、そういう逆説的な状況のなかにある差別なのである。

では、なぜ、Aさんは沈黙を破って、私たちの聞き取り調査に協力してくれたのだろうか。それは自分と同じような体験をした友だち仲間が何人もおり、自分たちの体験を「なかったこと」にしてほしくないと考えたからである。Aさんは、そのような友だち仲間について、次のように語ってくれた。

「この前、友だちに『こんどの日曜日空いてるか？』っていわれて、『いや、こういう人と会って話すんねん（聞き取り調査のこと）』って言ったんですよ。そしたら『あのこと（結婚差別のこと）も話すんか』って言われて、『ぜんぶ話するよ』『そうかあ』って。その友だちがね、『俺も普通に恋愛したいよなあ』って言ったんですよ。みんな、シーンとなりましたけどね。ああ、皆もやっぱりそう思ってんやなあって。」

Ａさんは、仲間に「オレらのことも言うといてな」と頼まれてきたのだと筆者に語ってくれた。Ａさんの体験やその時の気持ちは、友だち仲間に共有されている。Ａさんは友だちの期待を背負って、私たちの聞き取り調査に応じてくれたのである。

共通の体験や思いをもつ友だち仲間は、励まし合い、助け合う。ある時、Ａさんたちは、部落外の女性との結婚を考えている友だちから相談を受けた。彼女に自分の出身について話したいのだが、どのように説明したらわからないという相談だった。Ａさんたちは、相手の女性には部落問題のことを理解した上で結婚してほしいと望んだ。理解がないままに結婚すると、将来生まれてくる子どもたちが差別に直面したときに、きちんと対応できないだろうと考えたからである。実体験がない人にどこまでわかってもらえるかは不安だったが、Ａさんたちは友人が結婚を考えている女性に、一生懸命、部落問題について説明したという。

(3) 自己否定から解放される――Bさんの場合――

もう一つの例を紹介したい。Bさんという女性である。Bさんと出会ったのはAさんとの出会いからまもなくのことだった。Bさんは、ある同和地区の保護者会のリーダー的な存在だった。Bさんの住んでいた地区では、生活の厳しさから、子育てに向き合う経済的・時間的・精神的なゆとりがなく、親子関係に困難を抱える家庭が少なくなかった。この状況を打開するため、保護者会では、子育てについて学習や交流を図ったり、学校の教師と子どもの教育について話し合ったりする活動が盛んに行われていた。また、学校での人権・部落問題学習では、保護者の生活や被差別体験について子どもたちが聞き取りを行っていた。

Bさんは、かつて、自分の父親を「博打をするし、仕事やれへんし、お母ちゃん叩くし、酒飲んだらひどいし」と嫌悪していた。父親の仕事（ごみ収集）のことで、学校でいじめられることも多かったという。そのようなBさんには、我が子やその級友の前で自分の生い立ちや差別のことを語るのには大きな抵抗があった。辛く、恥ずかしい思い出しかなかったからである。そんなBさんに、父親や自分の生い立ちを見つめ直すきっかけを与えたのは、ある教師のひと言だった。その時のことを、Bさんは次のように語ってくれた（聞き取りは二〇〇〇年一一月に実施）。

「『ああ、お父さん、免許を取りに行くこと自体が、差別との闘いやってんね』て言われて、ハッとした。父親は学校にも行かんと大きうなった人で、ゴミとりの仕事のために車の免許をとらなあかんようになった。私は、自分の父親を、博打をするし、仕事やれへんし、お母ちゃん叩くし、酒飲んだらひどいしと、全部そっからしか見てなくて。生まれて初めて、赤の他人から自分の父親を褒められて、私、びっくりして。ああ、そんな見方もあんねんなと。私は父親のあかんとこばかり見てたけど、『お父さん、頑張りはったんやな』って言われて、それがすっごい嬉しくて。」

たしかに話を聞くかぎり、Bさんの父親は「ひどい」夫であり親である。よく「愛憎相半ばする」というが、Bさんの父親への思いは、まさにそのようなものであった。しかし、よくよく考えてみると、Bさんの父親の暮らしが荒れていったのはそれ相応の理由があった。父親が仕事に就くために懸命に努力をしたことも紛れもない事実である。Bさんは、教師との対話を通じて、そのことに気づいたのだ。

こうして、次第にBさんは、学校での人権・部落問題学習や地区の保護者会の活動に積極的に参加するようになっていった。そのなかで、Bさんは、自分とよく似た境遇の保護者と出会った。

「訥々《とつとつ》とやけど、しゃべり出す訳や。おとうさんが別の女性と住んでるから、会いに行きたいけど行かれへんとか。やっぱ、自分の父親がヤクザやねんてことを生まれて初めて人にしゃべれたとか。

それがイヤでもう、転々として逃げたと。知られたくないから。私は、そのお母ちゃんの悲しみいうんかな、自分が自分でない生き方をしてきたっていうか、私らと共通するとこあって。同和地区に住んでるっていうの、やっぱり言われへんみたいな。…（中略）…『でも、あんた、お父ちゃん好きやったやろ』って言った。その言葉は私が教師に言われた言葉。『そやろ、お父さん、お母さん好きやったやろ』。『うん』って。私は、彼女に、『私も父親のこと誰にも褒められたことないねん。でも、たった一人な、あの先生だけはな、Bさんのお父さん、すごいねって褒めてくれはって。私、すっごい嬉しかった。たった一言やけど、すごい人やってんなって言われたことは、すごい嬉しかった』って。

Bさんにとって、この保護者の姿は「自分を隠す悔しさ、情けなさ」（Bさん）にさいなまれていた自分と二重写しになった。Bさんたちはこの保護者を励まし、父親に会いに行くことを勧めた。父親との再会を果たした晩、Bさんたちは「親を否定しながら生きていく寂しさ、誰にも言われへん人、いっぱいおるんちゃうか。そんな本音出せんと生きてる人っていっぱいおるんちゃうか」と語り合ったという。

3 セルフヘルプの理論

(1) 多様なグループ

私は、AさんやBさんとの出会いから、差別を受け、厳しい生活の中を生きてきた人々が、当事者同士の共感や助け合いを求めていることを実感した。そのような当事者の共感や助け合いについて研究する手がかりを探しているときに行き当たったのが、「セルフヘルプ」という概念である。その後、セルフヘルプについて書かれた本や論文をいくつか読んでみた。そして、世の中には多様なセルフヘルプの活動を行う集団(セルフヘルプ・グループ)があることを知った。

ある研究者は、セルフヘルプ・グループを、当事者の抱える問題や当事者の目指す目標から、次のように分類している[2]。

タイプ一 治療的グループ

A 精神保健に関連する組織(特定の心理的な問題を克服する)
B 嗜癖に関連する組織
C 疾病に関連する組織
D 人生の役割変化に関連する組織

E　ストレス軽減グループ
タイプ二　社会的アドボカシーおよびソーシャルアクション
A　単一の問題を克服するために創られた組織
B　高齢者に関連する組織
C　少数民族を援助するために創られた組織
タイプ三　少数派のライフスタイルをサポートするために創られたグループ
A　ゲイ解放組織
B　都市型・田舎型施設共同体
タイプ四　二四時間生活をともにする共同体
タイプ五　混合タイプ（複数の問題を含むグループ）の分類
A　刑務所出所者組織
B　社会的・治療的グループおよび家族志向グループ
C　経済的援助

このリストは一九九〇年代に米国で出版された本に載っていたものである。セルフヘルプ・グループは、歴史的には、米国のアルコール依存症患者の会から始まったとされる。依存症・難病患者などの「治療的な」グループがリストの上位にあるのはそのためである。また、「アドボカシー」は「権利擁護」や「政策提言」を意味する語で、「社会的弱者」とされる障害者、少数民族、高齢者などに関わってよく使われる。

セルフヘルプ・グループは、日本でもどんどん増えている。アルコール依存症を克服する「断酒会」、障害者の会、難病患者の会などは古くから知られているが、その他にも、犯罪被害者、虐待や暴力の被害者、性的少数者、母子・父子世帯、子どもを亡くした親など、実に多彩な人々のグループが存在している[1]。

(2) 当事者の力

久保(一九九八)はセルフヘルプ・グループに共通する特徴を次の六点にまとめている。①メンバーは共通の問題を持っている、②共通のゴールがある、③対面的な相互関係がある、④メンバー同士は対等な関係にある、⑤参加は自発的なものである、⑥専門家との関係はさまざまだが、基本的にはメンバーの主体性を重んじる。彼は「共通の問題を持つ当事者であること」を最も重要な特徴として挙げている[3]。

インターネットが普及している今日、③の特徴はかならずしも重要ではなくなっているといえよう。冒頭で述べた「Me too」と声を上げた人々がそうである。また、先のAさんの友だち仲間は、セルフヘルプを目的として集まった人々ではない。会則はなく、メンバーも固定されていない。Bさんたちが属した同和地区の保護者会も、看板にはセルフヘルプを掲げてはいなかった。けれども、これら三つのグループは、いずれも「共通の問題を持つ当事者」であることにはちがいない。

では、セルフヘルプ・グループに参加することは、当事者にどのような意味があるのだろうか。私が特に注目しているのは、自分の体験や思いを語ることの意味である。自分の抱えた問題を解決するためには、問題の存在を公にしなくてはならない。だが、そのハードルは、独りで乗り越えるにはあまりに高すぎる。

自分と同じ問題を抱えている人と出会ったとき、人は孤独から救われる。自分のことをわかってくれるかもしれないと思えるようになる。自分を語ることで、自分が抱えていた問題の輪郭が見えてくる。仲間の語ることを聞いて、共感の気持ちが芽生えてくる。そして、自分自身のことや過去の経験を受け入れることができるようになる。そのような、仲間同士の話し合いや助け合いを社会福祉学では「ピア・カウンセリング」や「ピア・サポート」という。それらは、専門家（プロフェッショナル）にはできない、仲間（ピア）だからこそできる「共助」の活動なのである。

(3)　社会への発信

野田（一九九八）は、神奈川県の社会福祉協議会が実施した「疾病・障害者団体（グループ）活動調査」をもとに、セルフヘルプ・グループ活動のステージを次の図のように整理している。横軸が示すのは「活動のレベル」（場）である。これは問題をどの範囲で解決しようとしているかを示す。左の極には治療やリハビリといったグループ内および個人の「自己完結的努力」が、右の極には制度や施策の活用といった「一般社会レベルでの取り組み」が置かれている。縦軸が示すのは「活動のベクトル」（方向性）である。上の極には個人の節制やメンバー間の励まし合いといった「自己内部への働きかけ」が、下の極には制度化・施策化を要求して運動するといった「一般社会への働きかけ」が置かれている。さらに彼は、二軸の組み合わせによってセルフヘルプ・グループの活動を四ステージに分け、それぞれを次のように名づけている。ステージⅠは「個別化のステージ」、ステージⅡは「制度化・施策化のステージ」、ステージⅢは「制度・施策の活用のステージ」、ステージⅣは「社会化・共有化・協働化のステージ」である。

　さらに野田は、セルフヘルプ・グループの活動の展開過程を、ステージⅠの

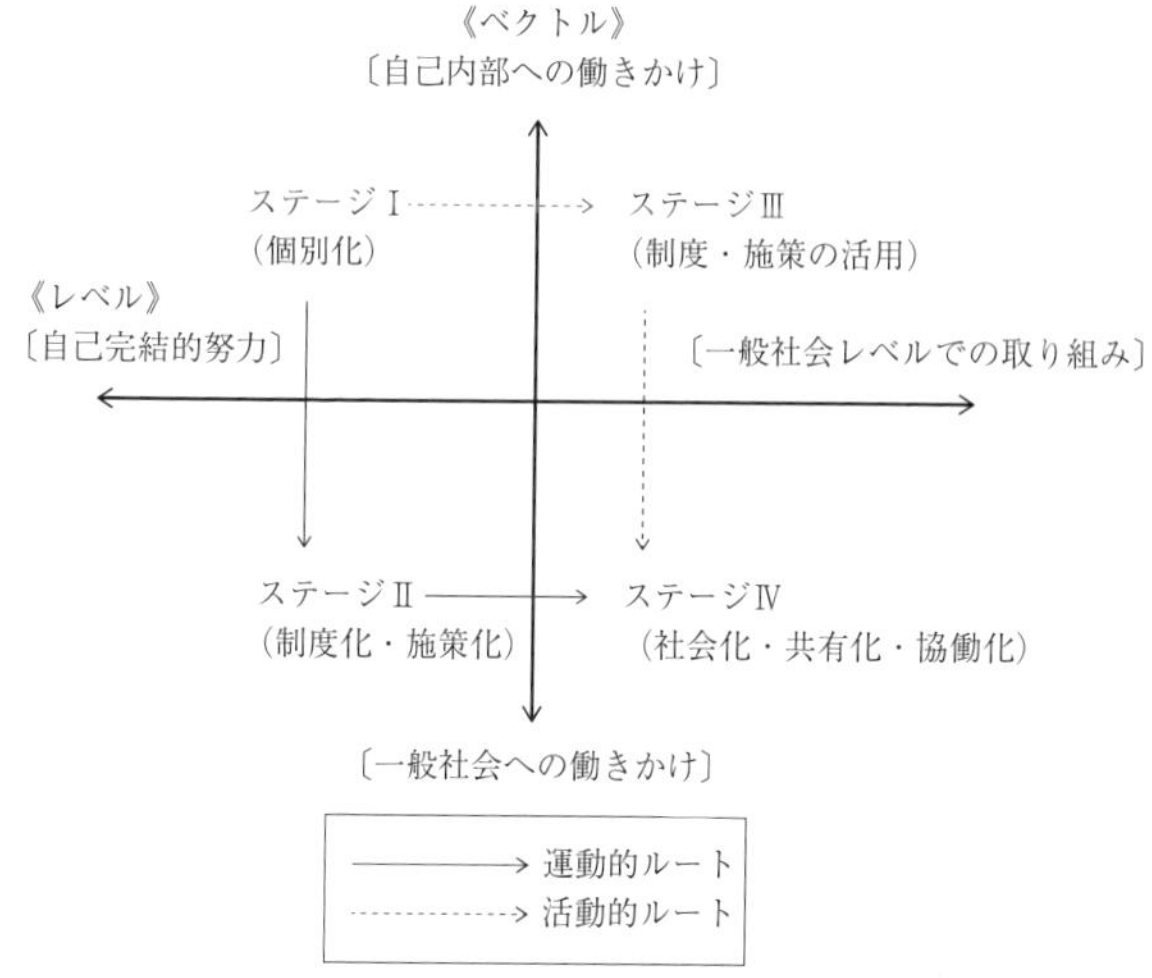

図5-1　セルフヘルプ・グループ活動のステージ
（野田（1998）の図に筆者が加筆）

「個人的・内的努力」からステージⅣの「問題の社会的解決」までの流れとして概念化している（図５‐１）。彼によれば、ⅠからⅣまでの展開過程には二つのルートがあるという。第一にⅠ→Ⅱ→Ⅳのルートであり、第二にⅠ→Ⅲ→Ⅳのルートである。彼は、前者を「運動的」、後者を「活動的」と呼んでいる[5]。

図５‐１は理念的なモデルである。実際にはすべてのセルフヘルプ・グループが二つのルートのどちらかを経由するわけではないし、どこかのステージに特に力を入れるグループもある。例えば、Ａさんの友だち仲間は、私という調査者を通じて結婚差別の理不尽さを訴えようとしてはいたが、一般社会を最初から意識していたわけではなかった。一方、Ｂさんたちの保護者組織は、学校教育という公的な場における活動を強く意識していたが、その活動が当事者同士の対話を促すきっかけにもなっていた。

このように、セルフヘルプ・グループの活動は、当事者の共助と一般社会への働きかけの両方を含みながら、多様な形で展開されているのである。

４　おわりに

筆者は、部落問題や同和教育・人権教育について、主に聞き取りや観察という方法で調査をしてきた。差別の実相に迫るためには、当事者の話を聞いたり自分で見たりすることが必要だと考えてきたからである。だが、見るため・聞くためには道具が必要だ。「セルフヘルプ」という概念は、そういう道具の一つである。そのことに気づかせてくれたのは、AさんやBさんだった。

この章では部落出身者という「少数派」の事例を取り上げた。けれども、自分たちは「多数派」だと思いこんでいる人たちも、自分独りでは解決できない問題に直面することがきっとある。同じ問題に悩む仲間が大きな力になってくれることがある。仲間は、一人ひとりの抱えていた問題が社会的な広がりをもった問題だと気づかせてくれる。「共助」の仲間——セルフヘルプ・グループ——は、一人ひとりが充実した人生を送るためにも、抑圧や排除を社会からなくしていくためにも、欠くべからざる存在である。

最後にひと言。読者の中には、現に、なんらかの問題を抱えて、「共助」の仲間を求めている人がいるかもしれない。そういう人に私は言いたい。あなたは独りではない。あなたと同じような悩みや苦しみを抱えて、けれども沈黙を強いられている人がきっといるはずだ。そういう人と早く出会えるように願っている。

引用文献

（1）伊藤伸二・中田智恵海（編著）（二〇〇一）．『知っていますか？　セルフヘルプ・グループ一問一答』解放出版社
（2）A・H・カッツ（一九九七）．（久保紘章監訳）．『セルフヘルプ・グループ』岩崎学術出版社
（3）久保紘章（一九九八）．セルフヘルプ・グループとは何か．久保紘章・石川到覚（編）『セルフヘルプ・グループの理論と展開』二－二〇　中央法規出版
（4）内閣府（二〇一七）．『人権擁護に関する世論調査』
（5）野田哲朗（一九九八）．セルフヘルプ・グループ活動の六つの志向群――セルフヘルプ・グループ活動のタイプ分類――久保紘章・石川到覚（編）『セルフヘルプ・グループの理論と展開』二一－三八　中央法規出版
（6）大阪府（二〇〇一）．『同和問題の解決に向けた実態等調査報告書（同和地区内意識調査）』
（7）髙田一宏（二〇一六）．「部落問題と教育――見えない排除――」志水宏吉（編）『岩波講座　教育　変革への展望二　社会のなかの教育』二二九－二五七　岩波書店

参考図書

・ASK(アルコール薬物問題全国市民協会編(二〇一七)『この一冊で「自助グループ」がわかる本』(季刊『ビィ』増刊号№26)

セルフヘルプ・グループ(本書では「自助グループ」)の実態を当事者の手記で明らかにしている。「一冊でわかる」は明らかに言いすぎではあるが、当事者の願いや思いが臨場感をもって伝わってくる。

・岩田泰夫(二〇一〇)『セルフヘルプ運動と新しいソーシャルワーク実践』中央法規出版

ソーシャルワークとは、生活上の困りごとを当事者と共に解決する活動である。この本では、ソーシャルワークにおけるセルフヘルプの意義を、実務経験をふまえて考察している。

・齋藤直子(二〇一七)『結婚差別の社会学』勁草書房

部落差別に起因する結婚差別を、丹念な聞き取りをもとに分析・考察している。あわせて、差別を受けた人の相談・支援活動についても書かれている。差別の過酷さを知るだけでなく、差別解消の展望を考えるためにもお勧めしたい。

第６章　国境を越えて助けることとは
――国際協力を実践する三人のライフヒストリーから考える――

杉田　映理

１　はじめに

人間は他者を「助ける」。「助ける」という営みの対象は、目の前の人のみならず、国境を越えた遠くの地にいる見知らぬ人々へも及ぶことがある。

国境を越えての支援を組織的に行うと、それは「国際協力」と呼ばれる。国際協力を実施する日本のＮＧＯは四〇〇以上あると言われ[1]、青年海外協力隊員としてボランティアで海外に渡った日本人は、一九六五年からの累計で四万四〇〇〇人以上にのぼる[2]。この数字だけ見ても、国境を越えて支援活動をする人々が少なからずいることがわかるだろう。

しかし一方で、国際協力について、「日本にも困っている人はいるのに」という声や「発展途上国への支援は上から目線だから好きではない」という意見を間々聞く。なぜ日本国内ではなく海外の支援なのか、という問いは、国際協力学について教鞭を執る筆者自身も自問することが多い。

そこで本章では、なぜ国境を越えた先にいる人々の支援をするのか、日本人を支援することと海外の人を支援することはどう違うのか、そして日本人（助けられる側にとっての外国人）が支援することの意義は何なのかについて、国境を越えて人を助けている（国際協力の実践家である）三人のライフヒストリーを通じて考察したい。

ライフヒストリーは直訳すれば生活あるいは人生の歴史、つまり生活史ということになる。「ライフヒストリー研究」は文化人類学、社会学などで用いられる質的研究手法の一つであり、個人の語りを通し、資料や観察だけでは得られない内面からの意味把握を可能にするという特徴を持つ[3]。筆者は、国際協力学の中でも開発人類学（文化人類学の知見を開発支援に応用する分野）を専門としており、アフリカの農村地域の人々がどのような生活実態を経験してきたか、これまでライフヒストリーを通じて把握する試みもしてきた。今回は、海外支援を行う日本人を対象に聞き取りを行った。

本章で取り上げる河辺智美さん、松下照美さん、金子洋三さんについて、それぞれ本人の同意を得て本名を記している。二人目の松下照美さんについては文中「照美さん」と記載しているが、これは旧姓やパートナーとの混同を避けるためである。ＮＧＯ等の団体名も実名で記すが、本章では「ＮＧＯ」という用語を基本とし、日本国内でＮＰＯ登録しＮＰＯと自称している団体については「ＮＰＯ」と記述している。また、本章では「助ける」と「支援する」の違い、「海外支援」と「国際協力」の違いは定義せず、ほぼ同義として書き進めていくことをおことわりしたい。

2 日本国内の人を支援する立場から、国際協力を軸足に——河辺智美さん

河辺智美さんは、現在二〇代後半である。これまで約三年勤めてきた社会福祉協議会では、自分の出身地域である南房総市の人々を支援してきた。しかし、最近ＮＰＯに転職して海外支援に軸足を変えた。彼女の気持ちにどのような変化があったのか、見ていきたい。

(1) 遠いと感じていた国際協力

河辺さんが生まれ育ったのは、千葉県安房郡（現在の南房総市）である。東京に近い海岸リゾート地というイメージが筆者にはあるが、人口減少が著しく、過疎地域に指定されているという。インタビューの中で、河辺さんは南房総市を繰り返し「田舎」だと形容していたが、子どもの頃の彼女にとって、海外はおろか東京さえも遠い存在だったと言う。

しかし、彼女は小学生の頃から、教科書の資料集で見た青年海外協力隊の活動に憧れを持っていた。その後、テレビを通じて、アフリカには学校へ行けない子どもたちがいるという現実を知って衝撃を受けると同時に、テレビで見た日本人のように自分も将来そういう子どもたちに勉強を教えてあげたいと思った。

しかし、その夢は長い間、誰にも言えなかった。英語に対する苦手意識が強く、東京のそのさらに向こうにある海外で活動するなど自分には壮大すぎる夢のようで気恥ずかしかったという。自分の中には世界につながるための構図があり、その構図の中にはまず東京というバリアがあって、自分がいる田舎は周縁でしかなかった。だから当時は、「将来は小学校の先生になりたい」と周りには話していた。

⑵　高校生によるウガンダ支援との出会い

河辺さんが高校三年の時、通っていた安房高校が公立校の統廃合で安房南高校と合併した。その直後の文化祭で、安房南高校から引き継ぎ安房高校のボランティア系の部が行っていたウガンダ支援のためのバザーを見たことが、大きな転機となる。「田舎のこの地域から直接アフリカのウガンダという国につながっている。しかも、自分の同級生が関わっている。」さらに、その支援先のウガンダにはAwa-Minamiと名付けられた洋裁学校がつくられていると知る。その時、自分が持っていた世界とつながるための構図が崩れた感覚を得た。

大学は、国際開発と日本の地域づくりの両方を学べる東京の私立大学の国際地域学部に進学する。学生時代に、ボランティアでエチオピアの孤児院に行ったり、ゼミ研修でウガンダを訪ねたりすることになる。また、自分の母校とウガンダとのつながりを個人的に調べていくうちに、仲介役となっていた元安房南高校の教諭の愛沢伸雄先生と出逢う。愛沢先生は、当時はすでに高校は退職されて「安房文化遺産フォーラム」というNPOを立ち上げていた。愛沢先生とウガンダのつながりは、ウガンダのあるNGO代表が日本での技術研修中に、南房総の福祉施設を見学に来たことが始まりだと知る。「NPO法人安房文化遺産フォーラム」は、今も地域の歴史（文化遺産）や自然環境を活かしながら地域づくりを行い、海外ともつながる活動をしている[4]。河辺さんが、転職して現在勤めているのは、この団体である。

(3) 地元の地域を、仕事として支援するということ

河辺さんは大学卒業後、国際協力に携わる仕事にすぐには就かなかった。大学時代に教職免許を取得したこともあり（これは小中学生の頃に「先生になりたい」と言っていたこととも関係している）、国立大学の社会科教育専攻に進学する。しかし、ここでかえって自分の夢は学校の教員になることではないと思ったという。その一方で修士論文のテーマでもあった地域学習と内発的発展への関心から、地元に戻って仕事がしたいと思い、南房総市の社会福祉協議会に就職することとなる。国内の地域の問題は、大学の学部時代に学んだことでもあった。

社会福祉協議会の地域福祉支援員として仕事は、河辺さんいわく「人と人をつなぐこと」だそうだ。困っている人を、地域の行政サービスや地域の他の人々につなげ、その助けを借りてサポートをする。そこにベースとしてあるのは「お互い様」という考え方であるという。

河辺さんの印象に残っている仕事に「おたがい茶間《さま》カフェ」の立ち上げのサポートがある。地域福祉フォーラムという地域について話し合う場で、子どもからお年寄りまで誰でも集える居場所づくりの必要性が挙げられた。その結果、地域の人が資源（空き家、食器、専門的なコーヒーマシン、そして人員や知恵など）を出し合って古民家を利用したカフェをオープンした[5]。現在も、住民が時間を出し合って運営をしており、地域づくりの好事例と言える。河辺さんは、この事業に関われば関わるほど、自分も活動自体を行いたいという気持ちが膨らんだが、社会福祉協議会が運営母体となることは避けなければならなかった。地域が自立して活動を持続させるためには、黒子とならざるを得ず、もどかしさもあったという。

一方で、自分が日常的に手の届くところにいる人々を「助ける」こととの別の難しさもあったようだ。自分の生まれ育った地区の担当であればこそ、支援対象者が知り合いの知り合いであることもあり、相手もより一層頼ってくる。相手の事情も状況も手に取るようにわかる。そこで、あえて他のネットワークを通じて間接的に支援することを選んだり、場合によっては、仕事上割り切らざるを得ないこともあった。

(4) 地域のNPOを通じての海外支援

河辺さんは福祉の資格を持っていないこともあり、相談支援など多岐にわたる業務の経験においても知識においても力不足を感じ始めていた。その頃、学生時代から関わってきたNPO法人安房文化遺産フォーラムから職員になって欲しいと声がかかった。「市民が主役の持続可能な地域づくり」を目指すこのNPOは、自分が大学受験の時から考えていた国際交流・海外支援と地域づくりの両方を行っている。さらには大学院で研究した社会教育もできる。社会福祉協議会を退職することは、地域の人々に育ててもらったという思いもあり後ろ髪を引かれる面もあったが、河辺さんにとって転職の最終的な決断は難しくなかったようだ。それは同僚の先輩や地域の人々の応援が大きかった。

図6-1 河辺さん(左)と
ウガンダのNGO主催者（中央）

現在、河辺さんは、NPOの事務局としてNPOの仕事全般に関わりながら、ウガンダ支援については彼女が中心となって運営している。最近、クラウドファンディングを利用して資金を調達し、長年支援してきたNGOにスクールバスを寄付した。また、ウガンダコーヒーを糸口に、豊かな地域づくりにつながる海外支援活動として、南房総・館山地域の喫茶店等の協力を得て「ウガンダコーヒー月間」キャンペーンを企画した。一見、ウガンダへの支援と地元の地域づくりはまったく別のもののようであるが、河辺さんいわく両者は相容れないものではないという。ウガンダの一つの地域を支援することによって、海の向こうにも知り合いができ、ウガンダの子どもたちにも日本の知り合いができる。そうした交流や世界とのつながりが大切でありThink globally, act locallyを可能にする。さらに、日本国内から海外支援をしている彼女は、「以前は海外に行かないと何もできないかなと思っていたが、この地域にいてもできる、この地域にいるからこそできることがある。」と力を込めて言った。

一方で、河辺さんは疑問を投げかける。衣類やインターネット技術は簡単に国境を越えるのに、社会問題となると国境線が引かれるのはなぜなのか。日本にも海外にも困っている人はいる。二〇一一年三月一一日、ボランティア先のエチオピアの孤児院で、死を待つだけの赤ちゃんを抱っこしていた河辺さんは、三・一一後に海外支援が急減したことに違和感を持った。天秤にかける問題ではなく、日本にも海外にも助けを求めている人がいて、どちらもできたらいいのに。

河辺さんの転職は、国内の人を助けることから海外の人を助けることへの「転向」ではなく、人を助けるということでは変わりはなく、助け合いを国内外関係なくつなぐ、お互い様の輪を広げることだったようだ。

3 アフリカのストリートチルドレンに寄り添う――松下照美さん

次に取り上げる松下照美さんは、ケニアで「モヨ・チルドレン・センター」（ＮＧＯ）を設立し、ストリートチルドレンを支援している七三歳の女性である。五〇歳手前でそれまで無縁とも思えたアフリカに渡り、以来第二の人生として二〇年以上アフリカに住み込んで活動を続けている。

⑴ 徳島から東京へ、パートナーと反核運動との出会い

第二次大戦の終戦直後、一九四五年一一月に照美さんは鏡台職人の父の五番目の子として徳島に生まれた。頑固で厳格な父親には「嘘をつくな」と言われて育てられたという。大学進学のために上京することは、最初は親に反対された。しかし、先に東京に出て油絵を学んでいた兄に憧れ、照美さんは自分で奨学金を獲得し、東京の大学に進学して油絵を専攻する。

照美さんが、パートナーとなる松下氏と出逢うきっかけとなったのも兄である。兄は、東京で反核運動を熱心に行っており、その一環で行っていた血液検査の手伝いを照美さんに頼んだ。そこで兄と同じ学校出身の親友でこの運動に参加していた松下氏に出逢うのである。

それ以来、一九六〇年代後半から一九七〇年代にかけ、十数年にわたって照美さんとパートナーはともに反核運動を中心とする日々を送ることになる。世界的に核の脅威が増し続けてい

た時代である。照美さんたちが加わっていた団体は、ガンジーの非暴力の思想の影響のもと、被爆者の声を聴く、そしてそれを伝えていくことを基本として活動を行っていた。「自分たちのような人間を二度と出現させたくない」という被爆者の方々の切なる声は、人類がこれからを生きるための指針を示しているのではないか。そういう信念が照美さんたちにはあった。

しかし、その団体が大きくなるにつれ、古くから活動に関わってその中心に近いところにいた松下夫妻は、ジレンマを感じるようになったという。大きくなると組織はどうしても変質をしてしまう。その組織の運営に上層部として関わらざるを得ない。その苦しさに耐えかねて、ある時、二人は団体を離れる決心をするのである。

(2)　山中での芸術家生活

松下さん夫妻は、二人とも学生時代に油絵を学んだ画家である。反核活動を離れた二人は、徳島の山奥に籠って、パートナーは油絵を、照美さんは新たに薪窯を始めることにする。百姓もやって、鶏やヤギを飼い、ヨーグルトや肉の燻製をつくり、お金はないが優雅な暮らしだったと振り返る。やがて、山から切り出した間伐材を薪として女性が窯焚きをして陶器をつくっていることが、NHKなどのマスコミから注目されるようになった。照美さんの陶芸作品も売れるようになり、平穏な日々が続くと思われたことだろう。

ところが一九九二年九月のある日、パートナーが急逝する。工事現場で乗っていた車が、夕イヤの下にあった石垣が崩れたことで、崖下に転落してしまったのである。

照美さんは、「彼は自分の仕事を終えたんだ。そして、帰郷した。」と感じたという。周囲は照美さんが自殺をするのではないかと心配したそうだが、この時期、照美さんは解放されたという感覚もあったと語る。つまり、「パートナーに対する執着」「彼に認められたい、イイ子にしなければという想い」から解放されたというのである。この言葉を聞いて、これまで筆者が知らなかった女性としての照美さんの一面を見た気がした。そして、それほどまでに愛した人と結婚できた幸せと、それほどまでに愛した人を失った心の穴の大きさをずっしりと感じた。

それから、照美さんは自分とパートナーの作品の二人展を一年かけて準備し、一九九三年に東京と徳島で展覧会を開催した。その後、さて、どうしようかと考えている時に、照美さんを心配していた旧友からウガンダのNGOの取材に同行しないかと勧められる。アフリカはおろか海外に行ったことはなかったが、とりあえず行ってみようかと、現地を取材で訪問するカメラマンに同行することにした。

(3) アフリカでの奮闘

視察先のNGOは、ウガンダの地方都市でストリートチルドレンの支援をする団体だった。二ヵ月間、そこで照美さん自身もストリートの子どもたちと触れ合い、寝起きをともにした。子どもたちが、自分を必要としてくれることに救われた想いがした。その活動に魅了された照美さんは、視察を終えて帰国するとすぐに引越し作業を進め、またウガンダのNGOに戻るのである。一九九四年、照美さんが四九歳の時である。

二年ほどウガンダのNGOを手伝った後、新たに自分なりのNGOを立ち上げようと隣国ケニアに移住する。英語も学びなおそうと、首都のナイロビで英語学校に通い、ケニア政府にNGO登録申請をしたものの、それがなかなか手こずった（当時のケニアは、一九九八年の米国大使館爆破テロがあった前後で国際NGOの新規登録は難しかった）。最終的に、正式に許可が出され、活動地をティカという町に決めて、本格的に活動を開始したのは二〇〇〇年一〇月であった。

照美さんの主催するNGO「モヨ・チルドレン・センター」が活動を展開するティカは、首都ナイロビから四五キロ北上したところに位置し、二〇〇〇年当時で一〇万人弱だった人口が、二〇一八年には二〇万人に急成長している地方都市である。しかし昔も今も、エイズ孤児になる子どもや、家庭の貧困が原因で、学校にも家庭にも居場所がなく路上で生活している子どもが少なくない。その数は現在二〇〇人ほどと言われている。照美さんは、街を歩いてストリートの子どもたちに声をかけていく。その様子は、『チョコラ！』というドキュメンタリー作品（小林茂監督）[6]にも収められている。

モヨ・チルドレン・センターは、少しずつ活動の幅を広げて現在は四つの柱を中心に活動をしている。その四つとは、①「子どもたちの家」の運営、②ストリートチルドレンのケア、③学費支援、④小学校への給食支援である。現在の「子どもたちの家」は照美さんたちが二〇一〇年

図6-2　モヨ・チルドレン・センターの玄関前にて
（撮影：吉田泰三氏）

に建てたもので、そこでは居場所を失った一六人の男の子たちがここを「家」として寝起きをして生活している（図6-2）。もともとストリートにいた子がほとんどで、ティカ市の児童局と協議して入居する子どもを決める。世話役のスタッフには、この「家」出身の男性もいる。照美さんも日々この子どもたちに寄り添って彼らを助けている。

この「家」に住む子どもたち以外のストリートチルドレンにも照美さんは手を差し伸べている。食事を与えたり、勉強を教えたり、時にはバリカンで髪を切ってあげたり。ただ、この路上の子どもたちが抱えている一番大きい問題はシンナー中毒だという。安価で簡単に手に入るシンナーを吸うと空腹を紛らわすことができるが、依存症に陥りやすく、脳神経を侵し、命を奪われることもある。そこで照美さんは、このシンナー中毒の問題を何とかしたいと、新たにドラッグ・リハビリセンターの建設に奮闘中である。このセンターは、街から少し離れた自然の中で有機農業や動物の世話をしながら自給自足の生活をするための施設である。子どもたちが、「生きるもの温もり」の中で暮らすことで薬物から抜け出すことを照美さんは願っている。

(4)　自分は支援しているのではなく、支援される側

なぜケニアの子どもたちを支援しているのか、と筆者が尋ねると、照美さんは「支援しているという感覚はなく、むしろ支援されているという気持ちなんですよ。」と答えた。一九九四年にはじめてウガンダに渡った時もそうだったが、現在もケニアのティカの子どもたちの存在に自分は救われている。自分を必要とされる場にいられて、働かせてもらえることは幸せだと照美さんは語る。モヨ・チルドレン・センターの活動は、日本の支援者が寄付やさまざまな形で支えてくれている。ドラッグ・リハビリセンターの設立には、クラウドファンディングや外務省の草の根無償資金協力の資金も得た。照美さんは、自分はケニア側の立場になってしまっており、支援されているという意識の方が強いという。

また、日本人を助けることとケニアの子を助けることの違いはないと話す。たまたま場所が違うだけで、目の前にほうっておくわけにはいかない状況があり、それに対応して実践を行うという事実に大差はないのだという。確かに国によって環境は異なるが、例えば照美さんたちの「子どもたちの家」と日本の児童養護施設が抱える悩みは同じなのだそうだ。この話の中で、照美さんが、現場を見て、一番必要な場のニーズを把握できることが大事だ、と言っていたことが筆者には印象的だった。

4　国際協力のプロ、「助ける」人から「助ける人を支える」人へ——金子洋三さん

金子洋三さんは、青年海外協力隊員、国際協力事業団（ＪＩＣＡ、現国際協力機構）職員、青年海外協力隊事務局長、公益社団法人青年海外協力協会（ＪＯＣＡ）会長を歴任した国際協力のプロである。国際協力の業界では金子さんを知る人も多い。

(1)　アフリカへ行ってみたいという冒険心

金子さんは、一九四七年、広島県の生まれである。子どもの頃は父親に連れられてよく広島カープの試合を観戦したという。中学・高校は地元の男子校修道学園に通い、サッカーのほか、山登りにも熱中、仲間とサークルを作って当時新聞にも連載されていた本多勝一のルポルタージュなどさまざまな探検記を読み漁ったそうである。大学は、生態学・人類学の大家である今西錦司に憧れ、今西先生の出身学部である京都大学農学部農林生物学科に進学する。学部時代は昆虫学講座に属し、個体群生態学を専攻。北海道や小笠原諸島での長期フィールドワークを含む全国各地での調査・研究活動に従事したそうだ。しかし、金子さんの大学四年目は一九六九年、時は学生運動の最盛期である。五年かけて大学を卒業後、林学科の森林生態学の修士課程に進学したものの、「何をやったらいいか分からなくて、ぶらぶらしていた」という。

そこへ、金子さんを心配した先輩が「エチオピアで青年海外協力隊派遣が始まるから、お前あれに行ってみたらどうだ」と声をかけてくれた。それが、その後著名となるエチオピア研究者（文化人類学者）で当時は博士課程の大学院生だった福井勝義氏である。青年海外協力隊という発展途上国へのボランティア派遣事業は一九六五年に日本政府によって開始されていたが、金子さんはその存在をこの時はじめて知ったという。どうも体力がいるらしいとの話だが、高校時代から登山は好きで体力は問題なく、何より「アフリカに行ってみたい」という冒険心が応募を決めさせた。試験に合格したので大学院を休学することにし、一九七二年、エチオピア隊員の一期生となる。同期には、その後ジャーナリストとなった吉岡逸夫氏などがいた。

(2)　エチオピアで天然痘撲滅の青年海外協力隊員として

初代エチオピア隊員となった二五歳の金子さんの配属先はゴジャム州の衛生局で、任務は天然痘撲滅のためのサーベイランス（発生状況の調査・集計）と種痘（天然痘の予防接種）であった。当時、世界保健機関（WHO）による天然痘根絶計画の「封じ込め作戦」が世界的に展開されており、その一端を担ったのである。つまり、金子さんたちも天然痘の患者を口コミや市場での目撃情報をもとに探し出し、患者の周りにいる人たちに種痘をして、それ以上感染が拡大しないようにウィルスを封じ込める活動に従事した。

金子さんを含む三人の協力隊員と二人のエチオピア人職員、計五人が担当した地域は四国ほどの広さがあり、平均の標高がおよそ二五〇〇メートルで標高差の大きい高原地帯であった。エチオピア人の若い助手を連れて車で行けるところまで行き、車が通れる道が無くなるとロバに荷物を持たせて歩く。青ナイルの源流地帯の低地へ行く時は徒歩で一五〇〇メートルも上り下りする必要があり、さすがの金子さんも「あれは疲れた」と振り返る。受け持ち地域に出ると二〜三週間は州都に帰らずに野宿したり民家に泊めてもらったりすることも多く、非常食として自分でつぶしたヤギの干し肉を持ち歩いていたそうだ。

大変だったのは、対象地域にたどり着くことだけではない。ラジオもない地域において人々は種痘計画などもちろん知らず、よそ者はなかなか村に入れてもらえないこともある。まず村の首長に話をして、コミュニケーションをとって信頼を勝ち取る必要がある。それがなければ、村人の腕に種痘を打つことなどできない。村に泊まり込み、食事をともにして「悪い奴ではなさそう」と信用を得るのに四〜五日かかることもあったそうだ。安心してもらうために、エチオピア国教会の聖職者に種痘を施している写真を撮らせてもらい、村人にその写真を見せたりしたこともあるという。さらに、種痘を打ってあげても「ありがとう」と感謝されるわけではない。それどころか痛いし嫌がる。しかし、ここで村の首長や長老が「これはいいことだから」と説得してくれたそうである。

筆者も青年海外協力隊の活動はいろいろ見聞してきたが、金子さんの活動はまさにフロントラインに立った壮絶なものだったと言えよう。金子さん自身も「人類を苦しめてきた伝染病をこの地上から根絶するという歴史的な計画に直接関わる体験は、めったにできるものでもなく充実したものがありました」と語っている。金子さんは二年間の任期を終えて一九七四年に帰国するが、その三年後、エチオピアの隣国ソマリアでの天然痘発症例が最後となり、その後二年間の監視期間を経て一九八〇年にはＷＨＯの天然痘根絶宣言が出されるのである。天然痘は人類が根絶させた初めての（そして現在のところ唯一の）感染症である。

(3)　ＪＩＣＡ職員としての発展途上国支援

当時の青年海外協力隊事務局長であった伴正一氏に帰国報告をした金子さんは――伴氏に見込まれたのだろう――、大学院に復学するまでの約半年間という約束で、青年海外協力隊の派遣前訓練のサポートを依頼される。その後、一年間のイギリス留学を経たのち、伴氏の勧めで青年海外協力隊の運営母体であるＪＩＣＡで嘱託として勤務し、中途採用試験を受けて三一歳で職員となる。

ＪＩＣＡは、日本の政府開発援助の実施機関であり、発展途上国に対する技術協力や無償資金協力、有償資金協力のマネージメントを実施する組織である（有償資金協力は、二〇〇八年の組織統合・改編後に業務の所掌範囲に加わった）。金子さんは、ＪＩＣＡで青年海外協力隊事務局、ガーナ事務所、総務部、秘書室、社会開発協力部、地域部、基礎調査部など、組織の人事異動で多様な部署を歴任し、二〇〇〇年には、青年海外協力隊事務局長に就任した。ＪＩＣＡ生え抜きで初の青年海外協力隊ＯＢの事務局長誕生として、その時注目を浴びたのは筆者の記憶にもある（外務省の特殊法人であった当時は、歴代事務局長は外務省出身者であった）。青年海外協力隊事務局長を四年半務めたのち二〇〇四年にＪＩＣＡを退職する。さらに、その後、ＪＯＣＡの会長に就任する。

傍から見ると、華々しい要職を歴任しており、人望が厚く先を見て仕事をする手腕を備えた金子さんであればこその経歴だろうと筆者は感じる。しかし意外にも金子さんは、人事異動についての希望が叶えられたことは少なかったと話す。地方の協力隊訓練所や在外事務所を希望していたそうだ。

ＪＩＣＡ職員の主な仕事は、発展途上国を支援する現場の人々（主に日本人）を、後方支援することである。「本当は、誰でも最前線で直接支援をしたいという気持ちは持っている。」と金子さん。ただ、誰かが後方支援の仕事を担う必要がある。そこで金子さんは、現場で活動している人（協力隊員、現地事務所の所員）がやりやすいように、いい仕事ができるようにと考えることを心掛けていたようである。それがひいては支援対象である発展途上国の人々のためにもなると考える。「現地のことは現場の人が一番よく分かっているから」との考え方に立つ。

また、青年海外協力隊事務局長時代に、送り出す協力隊員に対する局長講話の中で金子さんは次のように述べている。

「あなたがたは、日本の進んだ技術を現地の人に教えたりあるいは移転したりするために行くのではなく、現地の人たちと一緒に働きに行くのだと理解してください。現地の人たちの代わりに問題を解決してあげるのでもなく、一緒に問題を解決する努力をするのです。」[7]

さらに、現地の事情、状況を自分の目でよく観察し、現地の人がなぜこのようにしているのか理解することの必要性を説いている。周りにいる人たちとともに過ごす時間を大切にして、その人たちをよく理解すること、それが役に立つ支援につながると金子さんは局長講話で協力隊員に語っている。

(4)　青年海外協力協会（JOCA）会長として

上述の通り、二〇〇四年に金子さんはJOCAの会長に就任している。JOCAとは「日本青年海外協力隊OB会」を母体として一九八三年に設立された団体で、協力隊のOBがその経験を活かし、JICAのボランティア事業の支援および日本の地域社会における国際理解（開発教育）・国際交流の推進を行っている。また、金子さんが会長時代に、国内の災害復興支援、地方公共団体などと協働して地方創生を目指した活動、発展途上国における国際協力事業も展開していった。金子さんは、青年海外協力隊事業が五〇周年を迎える二〇一五年まで、一一年間JOCAの会長を務めた。

図6-3　JOCA 金子洋三氏
（写真提供：JOCA）

金子さんがＪＯＣＡで手掛けた未完の事業に、アフリカの青年を日本の地域社会に受け入れて彼らにボランティア活動をする機会を提供するというものがある。これは日本の地域活性化につながり、さらにアフリカの青年たちが自国に帰国後、日本の青年海外協力隊員のようにその経験とグローバルな視野を持って自国の発展に寄与することが見込めるというものである。そして、支援は日本から海外への一方通行ではなく、双方向に進化する。この構想はアフリカ連合（ＡＵ）の合意を得て、二〇一三年から二〇一四年にかけてアフリカ青年を三陣受け入れたが、財源がなく中断されたままになっているという。金子さんは二〇一五年にＪＯＣＡを引退したが、国際協力にかける想いは三年経った現在も変わっていないと筆者は感じた。

5　ライフヒストリーを通じて見える「国境を越えた人を助ける」ということ

河辺智美さん、松下照美さん、金子洋三さんという、海外支援に真摯に取り組む、しかし立ち位置の異なる三人のライフヒストリーを見てきた。インタビューを通して得たこの三人の語りから、「国境を越えた人を助ける」ことに関するいくつかの問いを考察したい。

(1)　なぜ国境を越えた先にいる人々の支援をするのか

まず、海外支援の実践に関心を持ったそもそものきっかけは、河辺さんの場合、子どもの頃に学校の資料集やテレビを通じて発展途上国の厳しい現状とそれを支援する日本人の姿を見たことであった。国際協力を実践する人には多感な時期にこのような経験をした人は多い。

一方で、金子さんが青年海外協力隊に応募した動機である「アフリカへ行ってみたい」という冒険心も、海外へ飛び出すきっかけとしてはよく耳にする。現地へ飛び出してみる。そこで現地の環境や現地の人々とじっくり向き合う中で、ほうっておけない状況が見えてくる。照美さんも、ほうっておけない現実を見た点では同じだろう。

金子さんは、人を助ける理由について「やっぱり誰か困っている人がいると心地よくないのではつらいじゃない。何とかしてあげたいと思うのは人として自然なことなのではないかな。」と話す。河辺さんが、メディアを通じて知った「困っている人」のために役立ちたいと感じたのも、人間の持つ他者を思い遣る力が純粋に表出した結果ではないだろうか。

なぜ海外なのか、ということについて、河辺さんはむしろ疑問を投げかける。「これだけ物も情報も簡単に国境を越える時代にあって、社会問題となると国境線が引かれるのはなぜなのか。」

天秤にかける問題ではなく、日本にも海外にも助けを求めている人がいる、ただそれだけではないのか、と。

照美さんは、もはや自分はケニア側の人間になっていると自覚する。だから支援されている側だと感じるらしい。そして子どもたちが自分を必要としてくれることに救われていることもあり、支援しているとは感じていないと言っていた。支援する側、される側を国境で線引きすることは危ういことなのかもしれないと考えさせられる。

(2) 日本人を支援することと海外の人を支援することはどう違うのか

今回筆者がインタビューした三人とも、異口同音に日本人を支援することと海外の人を支援することに違いはないと語った。「たまたま場所が違うだけ」という照美さんは、モヨ・チルドレン・センターと日本の児童養護施設を比較した。日本の社会福祉協議会で勤務経験のある河辺さんも、ウガンダへの支援と地元の地域づくりは一見まったく別のもののようであるが、両者は類似した課題を持ち、支援のアプローチも共通するものがあると話す。

環境は日本とアフリカでは確かに異なる。日本人がケニアで支援活動をするうえでの難しさの一つは、治安の問題だと照美さんはいう。外国人であるだけで襲われる可能性が高くなるので、それに子どもたちを巻き込みたくないと心配しているようだ。

また、発展途上国の現場に派遣される青年海外協力隊員には、気候や食や言語のみならず文化や歴史の違いを踏まえて支援することを金子さんは局長時代に伝えていた。それは日本でも同じことが言えるのではないかと筆者は思う。支援しようとする人なり地域なりの置かれている状況を包括的に理解する。それは、金子さんや照美さんが強調していた「現場を見てニーズを把握できることが大切」ということにつながるのではないか。これは、国内外共通に必要とされることであろう。

(3)　日本人（助けられる側にとっての外国人）が支援することの意義

河辺さんの所属するＮＰＯや地元の高校は、ウガンダの一つの地域を支援している。そこには先述のとおりAwa-Minamiという名前の学校があり、日本から送られた日本人の女子高生をモデルにしたブロンズ像（図６-１参照）は、ウガンダのＮＧＯ代表が日本とのつながりを説明する時にも使われている。つまり、この支援を通じて、ウガンダの子どもたちは日本に知り合いができ、南房総にいる河辺さんたちにとっても、海の向こうと交流して世界につながることができると河辺さんは語る。

一方、照美さんは、自らの活動がケニアと日本の「架け橋」になるという意識はあまりしていないそうである。ただ、日本に帰国した際にケニアについて紹介するように心がけているのは、資金援助をしてくれる支援者にお返しとして何かを得て欲しいと思っているからだと言う。

また、金子さんは、青年海外協力隊員は日本の進んだ技術を現地の人に教えたりあるいは移転したりするために行くのではなく、一緒に問題を解決する姿勢を持つことこそが重要であると話した。金子さんが推進したアフリカ青年の日本へのボランティア派遣事業も、日本において問題をともに考え活動する、そして双方向の支援をすることを目指した。

日本人が海外支援することの意義を考えた場合、三人の考え方はさまざまだが、そこにはベースとして「お互い様」「互恵」「双方向」といった志向が共通要素として見出せるのではないか。

(4)　むすび

「助ける」対象となるのが海外の人々である、ということが「国際協力」の前提である。目の前の人だけではなく海の向こうの人々にも支援の手を差し伸べられるところに「人間＝ヒト」の特異性があるのだろう。しかし、国境を越えて人を助けることは、「人間」が自然に持つ「困っている人を助けたい」という感情が原動力になっている点において、国内で人を助けることと相違ない。

三人の語りは、困っている人がいることをまず知ること、そしてその人をとりまく現場をよく見ることの重要性を指し示している。また、一方的に「助ける」のではなく、「お互い様」の関係が人間には心地よいのではないかと示唆される。

引用文献

（1）JANIC（二〇一八）：JANICとは　https://www.janic.org/janic/　（二〇一八／八／二六閲覧）
（2）JICA：国際協力機構（二〇一八）：事業実績／派遣実績
https://www.jica.go.jp/volunteer/outline/publication/results/jocv.html　（二〇一八／一〇／一閲覧）
（3）谷富雄（編）（二〇〇八）：『新版 ライフヒストリーを学ぶ人のために』世界思想社
（4）安房文化遺産フォーラム（二〇一八）：安房文化遺産フォーラム
http://bunka-isan.awa.jp/　（二〇一八／七／二八閲覧）
（5）房日新聞　二〇一六年三月七日付「おたがい茶間カフェ」がオープン　南房総丸山地区
http://www.bonichi.com/News/item.htm?iid=10772　（二〇一八／七／二八閲覧）
（6）小林茂（二〇一〇）：『チョコラ！』（DVD）紀伊國屋書店
（7）金子洋三（二〇一四）：「青年海外協力隊事業の理念：事業の概要と活動」（二六）内部資料

参考図書

- **内海成治編（二〇一六）『新版 国際協力論を学ぶ人のために』世界思想社**

国際協力学の入門書。国際協力の仕組みや実施機関について役割と動向が説明されている。さらに、保健医療、教育、環境問題など分野別に基本概念が整理され、新たな課題について検討されている。

- **下村恭民・辻一人・稲田十一・深川由起子（二〇一六）『国際協力――その新しい潮流 第三版』有斐閣選書**

国際協力（開発援助）には、世界的に概観すると「潮流」がある。つまり時代の流れに応じて、推進される国際協力の政策やアプローチは変化する。本書は、その潮流を解説するとともに現在の国際協力を取り巻く状況について示している。

- **信田敏宏・白川千尋・宇田川妙子編（二〇一七）『グローバル支援の人類学：変貌するNGO・市民活動の現場から』昭和堂**

普遍的でグローバルな価値や課題に基づいて国境を越えて行う支援、すなわちグローバル支援について、本書では現場での丁寧なフィールドワークで拾い上げた現状と課題を解き明かしている。

第3部

「助ける」のサイエンス

第7章 道具・技術が人間を助ける場合・助けない場合

篠原 一光

1 はじめに

私たちは日々の生活を送る中で多くの道具を使っている。道具には、ナイフのように石器時代から使われているものから、最新技術が詰め込まれてもはやその機能のすべてを把握することが難しい情報機器にいたるまで、多種多様である。形、大きさ、機能はさまざまであっても、道具とは、その機能によって私たちを「助けて」くれると期待される存在である。

道具は基本的に、私たち自身が身体を使って操作することによりその機能を発揮するものであり、人間と道具との「相性が悪い」ために使いやすい、使いにくいという感じが生まれる。同じ機能を持つ道具であっても「使いやすい」「使いにくい」という違いがあるが、道具が人間の性質に合っていない場合、私たちは道具をうまく使うことができず、その結果として期待した結果が得られないことになる。そのため、道具を人間の種々の性質に合致するように作ったり、あるいは、人間側が道具を使いこなせるようになるようトレーニングしたりすることが必要になる。また高度な機能を持った機器であれば、その機器がどのように動作するのか、自分の操作に対してどのように反応するかといったことが理解されなければならない。つまり、人間の物理的特性だけではなく、その道具が人間の心理的特性とも適合していることが必要である。道具をよく使い、道具に「助けて」もらうためには、人間の心身の特性を理解し、それを道具・機器の設計に反映させなければならない。これは人間科学的な取り組みの一つと言える。

本章ではある程度の複雑さを持った道具である機器・システムと人間の関わりについて考えていくこととする。

2　人間が機器・システムを使うということ

(1)　行動・行為のモデル

普段の生活の中でスマートフォンや携帯電話を使う時のことを思い出してみよう。使い慣れている人であれば、その操作の流れは何気なくほとんど無意識に行われているだろう。しかしその流れを細かく見ていくと、操作する流れの中で身体や心はどのように動き、通話、文字や記号の入力といった目的を達成しているだろうか。これを説明しようとするものが人間の行動モデルである。

ここでは、有名な行動モデルの一つとして、著名な認知科学者であるドナルド・ノーマンが提案した行為の七段階モデル[15]を紹介する（図7-1）。このモデルは機器を操作する際の行動を説明したり、人間と機械のかかわりをデザインしたりするための基本的な枠組みとしてよく用いられるものである。まず、しようとする目標を思いつくと（一、ゴールの形成）、その目標を達成するための行為を意図し（二、行為のプラン）、その行為をどのような順番で行うかを決定し（三、行為系列の詳細化）、実際に身体を動かして行う（四、実行）。これは外の世界に向かう流れである。その行為の結果は物理的システムである機器に伝わって、機器が動作し、何らかの結果が生じる。例えば、「友達からのメッセージが着信していないかチェックしよう」という目標を思いついた場合、まず「スマートフォンでメッセージを受信するアプリを開いて新着情報を見る」

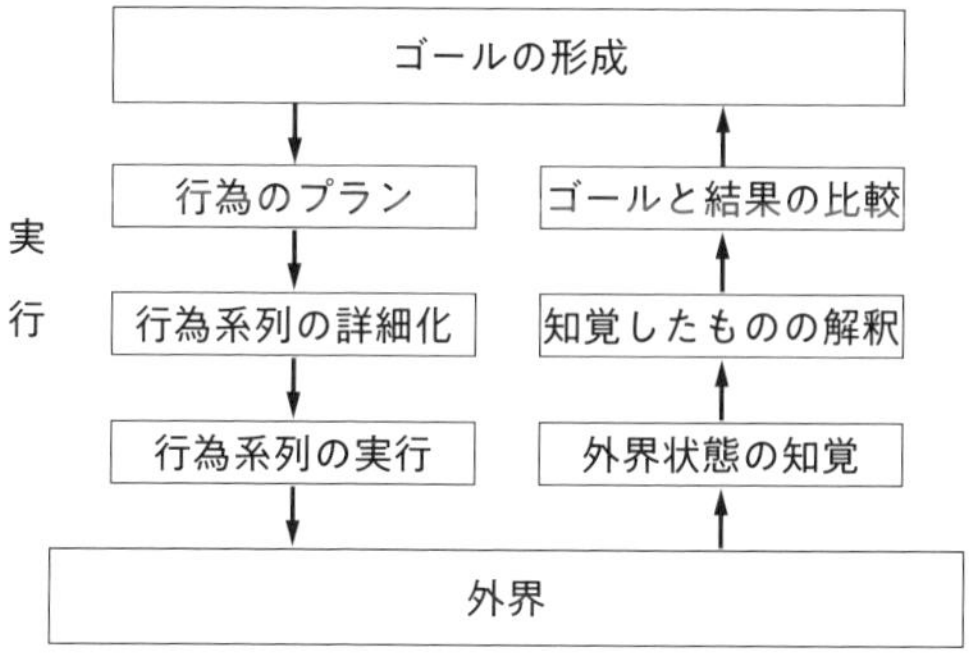

図7-1　行為の7段階モデル

という意図が作られ、「カバンからスマートフォンを取り出す」「ロックを解除する」「アプリのアイコンを探す」「タップして開く」という一連の操作が意図され、実際にその行動が実行される。続いて、実際に行為を行った後、機器が動作した結果を見て（五、外界の状態の知覚）、その結果から状況を解釈し（六、知覚したものの解釈）、行為によって起こると予想していたことと比べて起こった結果を評価する（七、ゴールと結果の比較）という、内側に向かう流れが生じる。先の「メッセージの着信をチェックする」という行動を例に取ると、着信したメッセージの一覧を知覚し、その中に友人からのメッセージがあることからメッセージの着信があると解釈し、自分の期待通りの結果が得られたと評価する、ということになる。そしてその評価にもとづき、メッセージの内容を表示させて内容を読むといった次の目標が設定される。

なぜ普段の生活の中で何気なく行っていることについて、わざわざこのようなことを考える必要があるのか、と思うかもしれない。このように人間の振る舞いを分析することは、使いにくさが生じた場合にそれを解決する方法を考えたり、あるいはもっと使いやすくなるように改善したりする場合に必要になるのである。上記のメッセージ着信を確認する例で、操作する人の行動を観察してみて、「ロックを解除する」ところで、複雑な操作をしなければならず時間がかかり、認証失敗のため何度も操作している、ということがわかったとしよう。その場合はロック解除の段階を改善すればよいということになる。解決策の一例として、カメラでユーザの顔認証を行いロック解除するという機能を導入すれば、この段階の面倒を避けることができ、より使いやすいものになると考えられる。

(2) 人間情報処理

人間は何らかの目的を持って行動を行うことが多いが、注意してみるといろいろなタイプの行動があることがわかる。いつもしている慣れたことであればほとんど無意識にすることができるが、慣れていない行動ではそうはいかない。例えばスマートフォンで文字を入力する場合、慣れている人なら造作なく画面の上で指を滑らせてスムーズに入力できるだろう。しかしパソコンのキーボードはよく使うがスマートフォンでは文字入力はほとんどしないような人であれば、使い慣れないソフトウェアキーボードで入力するのはとてもストレスを感じるだろう。認知心理学では、人間は外界から情報を取り込み、その情報をいくつかの段階で保存・処理し、どのように行動するかを決定して、実際に身体を動かして行動を行うと考える。行動の質的な違いを説明するモデルとして、SRKモデル（図7-2）を紹介する。[17]

このモデルでは、取り込んだ情報は三つの経路で処理され、最終的に動作につながっていく。取り込んだ情報から、その情報にむすびついた行動が無意識的・自動的に行われる場合、その行動は「スキルベース経路」での情報の流れに基づいて行われると考える。いわゆる「とっさの行動」がその典型である。また、取り込んだ情報にルールを当てはめて、当てはまる行動を行うという場合、その行動は「ルールベース経路」での情報の流れにもとづいたものと考える。

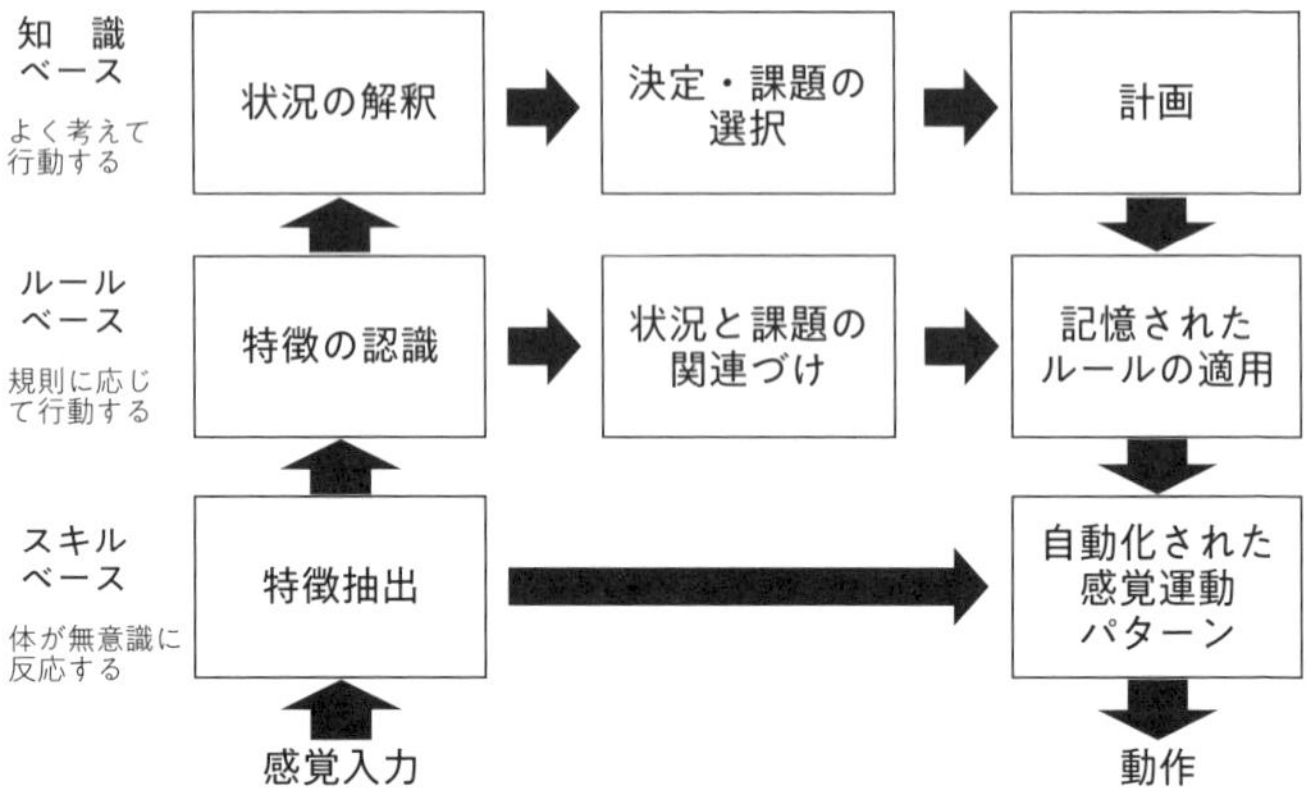

図7-2　Skill-Rule-Knowledge（SRK）モデル

一方、普段やらない不慣れな行動や複雑で難しい行動は、決まったルールを当てはめるというより、周りの状況を確認し、注意しながら意識的にどのように行動するかを考えて行う必要がある。このような行動は「知識ベース経路」での情報処理にもとづいて行われると考える。

具体的な行動をこの図に当てはめて考えてみよう。道路を歩いていて目の前の信号が赤であることに気づき、足を止めた。この時、赤い光が感覚器（目）で捉えられ、それが信号であることを認識し、「赤は止まれ」というルールが適用され、立ち止まると言う行動が生じたと考えられる。ところで、その赤い光が信号ではなく、目の前の店の装飾の光なのに足が止まるということがあるかも知れない。なぜ信号ではないのに足が止まるのだろうか。これは赤い光であることが直接足を止める行動を引き起こしたと言えるだろう。横断歩道も信号もない道路を渡る時はどうするだろうか。周囲を見て、危険な接近車がないことや、見えないところから突然車が現れるとは考えられないことを確認し、最も短時間で渡れる方向を探して横断する方向を決め、小走りに横断するだろう。安全に横断するためにはよく考えて行動する必要があり、その中には判断・注意といった多くの情報処理が含まれている。

このモデルにもとづくと、いろいろなヒューマンエラー（失敗・ミス）がなぜ起こるのかを説明することができる。例えば、「エレベータでドアが閉まりかけた時に乗ってこようとする人がいたので開ボタンを押してドアを開けてあげようと思ったが、逆に閉ボタンを押してしまった」というミスがある。このミスは次のように説明できるだろう。（一）日頃、エレベータに乗るとすぐ閉ボタンを押していて、そうする習慣が出来上がっていた。（二）ドアを開けてあげるために急いでボタン操作しようとした時、閉ボタンを見た瞬間に、このスキルベースの行動が無意識的に起動され、閉ボタンを押してしまった。

(3)　ヒューマン・マシン・インタフェース

先に紹介した行為の七段階モデルでは、行為の目標や評価、身体の動きといった人間の領域と、機器やシステムの領域があり、この二つの領域の間で実行と評価の橋渡しをうまく行うことが大切であり、機器が人間をよく「助けて」くれるかどうかはこの橋渡しの善し悪しによって決まるということが示されている。

人間と機器との接点がヒューマン・マシン・インタフェース（ＨＭＩ）である。インターフェースを設計する際には、以下の五つの適合性の側面を考慮すべきである[20]。

⑴　身体的側面：操作するときの姿勢、操作する方向と必要となる力など

⑵　頭脳的（情報的）側面：操作する機器についての操作イメージ（メンタルモデル）、わかりやすさ、見やすさなど

⑶　時間的側面：作業時間、休息時間、操作に対する機器からの反応時間など

⑷　環境的側面：機器を操作する場所の温度、湿度、明るさ、騒音など

⑸　運用的側面：使用方法の教育、周囲からのサポートなど

スマートフォンを例にあげて考えてみよう。スマートフォンは通常片手で持ち、もう一方の手で操作するということが普通の操作スタイルだが、画面の大きさを大きくすると見やすさ（頭脳的側面）は向上するが、大きくしすぎると持ちやすさ（身体的側面）の点で適合性が下がってしまう。処理能力の高いプロセッサを搭載すると、反応が速くて快適な使用感が得られるが、その一方で電力使用量が多いためにバッテリーが持たず、使用可能時間が短くなる（時間的側面）。安価な通信料金をうたっている業者のサービスを使えば、低コストでスマートフォンを使えるが、その一方でサポートが手薄となり、通信速度が遅くなることがある（運用的側面）。このように、ＨＭＩの善し悪しは複数の側面が相互に関係しつつ使いやすさに影響を与える。

高度で複雑な機能を持った機器に限らず、非常にシンプルな操作をするものであっても、ど

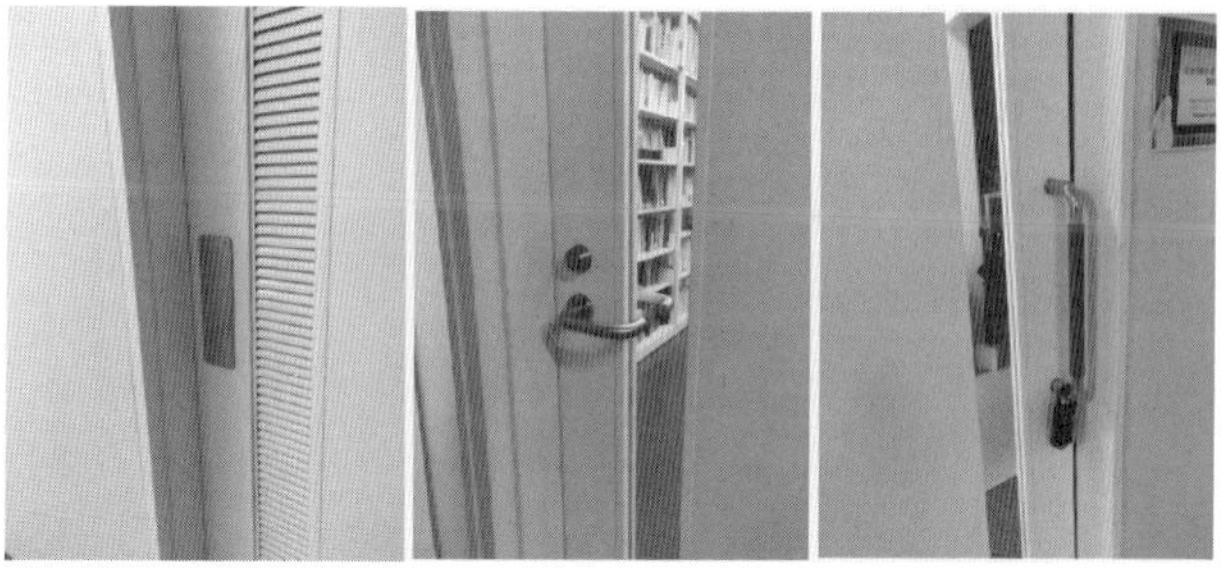

図7-3　3種類のドア。開ける時はどのようにするだろうか。

う操作すればいいのか直観的にわからないことがある。このような使いやすさは何によって決まるのだろうか。ノーマンは使いやすさを決める要因として、アフォーダンス、シグニファイア、対応づけ、制約を挙げている[15]。アフォーダンスとはモノの特徴とそれを使う人の能力との関係性を意味している。例えば図7-3の三種類のドアは、通常の力のある人であれば、単に押して、レバーハンドルを回して、あるいは横にスライドさせて開けることができる。このことは言い換えると、「開く」というアフォーダンスが存在する、ということである。この「アフォーダンスが存在する」ことを指し示すものをシグニファイアと呼ぶ。図7-3の押し板や二タイプの取っ手は、そのドアを開くためにすべきことを示すシグニファイアである。アフォーダンスが存在することは常に目に見えるわけではない。アフォーダンスが直接目に見えない場合、適切なシグニファイアがあって使い方を示してくれることが使いやすさを高めてくれる。対応づけは、スイッチなどの操作対象となるものと、操作の結果の対応関係を意味する。例えば、横に並んでいる二つのスイッチでは、右を操作すると右側で、左を操作すると左側で変化が起こるというのは自然な対応づけと言える。制約とはできることを制限するもので、望ましい行為を行うことを使い手に強制し、あるいは望ましくない行為をできなくするものである。これらを適切に組み入れてデザインすることで、より使いやすくしたり、あるいは誤使用によるトラブルを防いだりすることができる。

4　自律的な機器と人間――新しい問題

(1)　自動化システムの登場

技術の進歩により、自律的に動作する自動化システムやロボットが登場してきた。自動化システムは人間に代わって人間ができないことをしたり（例：高い放射線量のある場所での作業）、人間の認知的能力を超えたことをしたり（例：複雑なシステムの制御）、人間の行動を支援・強化することができる。[19] 当初、それらは工場などの特別な場所や環境で用いられていたが、最近は自動化システムやロボットの技術を利用した製品が一般家庭内でも使われるようになってきた。例えば部屋の中を自走して掃除し、終われば自動的に充電ステーションに戻る掃除ロボットはその象徴的存在と言えるだろう。また見た目にはわからなくても自律的に動作する機能が組み

表7-1 自動運転レベルの定義

レベル	定　義
レベル1 運転支援	システムが縦方向と横方向のいずれかの運転操作の制御を行う。ドライバーはそれ以外のすべての操作を行う。
レベル2 部分運転自動化	システムが縦方向と横方向の両方の運転操作の制御を行う。ドライバーはシステムによる制御を監視し必要に応じて操作を行う。
レベル3 条件付き 運転自動化	自動運転システムが全ての運転操作の制御を実施する。ドライバーはスマホ等の操作（サブタスク）が可能だが、システムが発する手動運転再開の要求に適切に応答する必要がある。
レベル4 高度運転自動化	自動車専用道路等の限定された領域で、システムが全ての運転操作の制御を実施する。システムが発する手動運転再開の要求に対して、ドライバーが応答しなくても運転が継続される。
レベル5 完全運転自動化	自動運転システムが完全にドライバーの運転操作を代行する。

（西村（2017）[14]、日本学術会議（2017）[13] をもとに作成）

込まれた家電製品も多くなってきた。自律的に動作する機器と人間の関係には、従来人間が直接操作して使用してきた道具とは異なる問題がある。

最近ニュースなどで取り上げられることの多い自動化システムの一つが、自動車の自動運転である。自動運転は長年にわたって研究され、その実現が社会に与える影響は非常に大きいと考えられている。自動車事故はモータリゼーションが進んだ社会において大きな社会問題であるが、自動運転によって運転が人の手から離れることにより、人的要因による事故を削減することができると考えられる。また自動運転によって、運転できない高齢者や障がい者、公共交通サービスが不足する過疎地の居住者が交通手段を得られる。さらには渋滞問題の解消、人口減少に伴う人手不足の問題の軽減にも寄与するとされる。

現時点で、自動運転はどの程度まで実現しているのだろうか。自動運転に関するさまざまなニュースを見聞きしていると、すべての車が自動運転車となる未来がすぐそこまで来ているように感じられるかもしれない。しかし二〇一八年現在では公道で他の車と共存できる完全な自動運転車はまだ実験段階である。私たちが利用できるのは部分的な自動運転であり、定義されている自動運転のレベル（表7-1）[18]ではレベル二にあたる。このレベルでは人間の運転者はシステムが車をコントロールしている間も運転以外のことをしてはならず、運転に対して注意し続けなければならない。また安全運転の責任はすべて運転者にあり、この点は運転支援がまったくない車を運転する時と同様である。

この自動運転を題材として、自動化システムが人間を助けること、あるいは助けないということについて考えてみたい。

(2) ドライバーを助ける自動運転

人間のドライバーが運転する時、認知・判断・操作が繰り返される。自動運転では、人間に代わって自動化システムがこの一連の作業の一部または全部を行う。

認知とは周囲から情報を取り込むことを意味している。運転は大部分が視覚的な情報にもとづいて行われる。人間の視知覚システムでは、視野は上下六〇度、左右二〇〇度程度、その中で高い視力が得られる範囲（中心視）は二度程度と狭く、広い範囲を見るためには、眼球運動を行って中心視の向きを移動させなければならない。明るさによっても視覚特性は変化する。ま

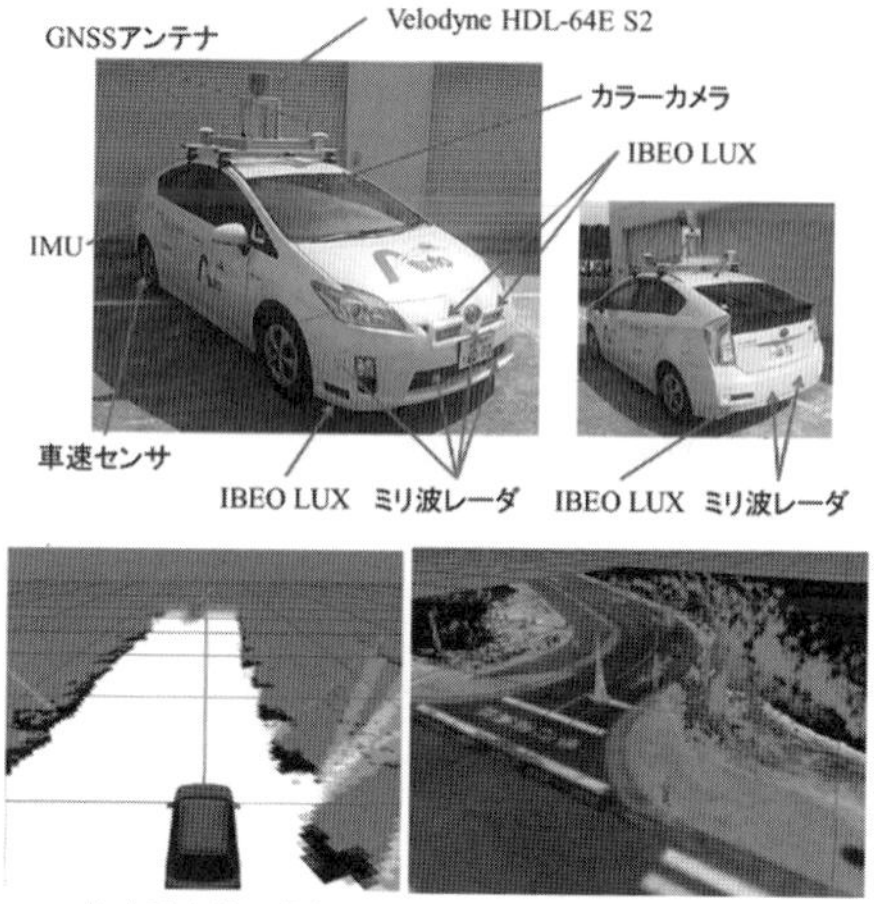

図7-4　自動運転車のセンサーと周囲の状況の認識
（金沢大学より提供）

た適切に対象を発見するためには視覚的な注意の働きも必要である。一方、自動運転車は搭載したさまざまなセンサを利用し、量的にも質的にも人間が認識できる範囲を超えた自車周囲環境の情報を取得している（図7-4）。

判断は、認知された情報にもとづき自分の意図を実現するためにはどのように運転するか決めることを意味している。人間は得た情報をワーキングメモリ（情報を一時的に保存すると同時に、その情報を処理する機能を持つ記憶）に保持し、長期記憶に蓄えられた自分の運転の知識や経験を利用しつつ、次の行動を決めている[2][16]。運転時の判断は複雑な情報処理を必要とするもので、人間でなければできないことと考えられてきた。しかし人工知能の技術開発が進むことで判断もシステムが担うことができるようになってきた。人間の情報処理能力には限界がある一方で、自動化システムは技術開発に伴い記憶領域や処理能力を拡張していくことができる。

運転のように周囲の状況が次々に変化し続ける中で行動するためには、現在の状況を知覚・理解し、将来の予測を行うという状況認識[3]を持つことが必要である。運転では事故の対象となるものの出現や動きを事前に読む危険予測が重要だが、これもまた状況認識にもとづく。状況認識には交通状況に関する多くの知識が不可欠であり、ドライバーは長年の運転経験や教育・訓練を通してこの知識を得ていく。チェスや将棋などの知的ゲームでは人工知能が人間を凌駕しつつあるが、これらのゲームをプレイする人工知能は人間どうしのプレイ記録を学習し、さらには人工知能どうしの対戦を積み重ねることによって学習を進めていく。運転での判断を担う人工知能も、公道上での実走行や走行シミュレーションを通して人間より格段に大量かつ高速に運転時の状況認識を学習していく。

操作はハンドルやペダル操作を的確なタイミング・強さで行って車の速度や進行方向をコントロールすることである。自動的な操作の代表的なものがアダプティブ・クルーズ・コントロール（ＡＣＣ）である。これは先行車との距離を測定しながらアクセルやブレーキをコントロールして一定の車間距離を保って走行し、先行車がいない場合は設定された速度で走行する機能である。車線を検知してはみ出さないように警告したりコントロールする車線逸脱防止支援システム（ＬＫＡＳ）もある。

このように、自動運転で用いられている技術は部分的に人間の能力を超えつつある。自動化システムが運転の要素を支援し、あるいは肩代わりするということは、まさにシステムが人間を「助ける」ことである。

(3)　自動運転の機能と人間特性

先に述べたように、自動運転の技術開発は急速に進んでいるものの、二〇一八年一〇月の時点では実際の道路交通環境で完全に人間にとって代わるような自動運転システムは存在しない。人間のドライバーは自動化システムに支援されながらも主体的に運転しなければならず、またある程度操作をシステムに任せている場合でも、いざというときには自分自身で運転しなければいけない。このような中では、自動化システムが人間を「助けない」場合がありうる。

二〇一八年三月、アメリカでテスト運転中の自動運転車が道路横断中の歩行者に衝突し死亡させるという事故が起こった。これは自動運転車による初めての歩行者死亡事故であり、大きなニュースとなった。事故調査の中間報告書[12]によれば、自動運転システムは正常に作動しており、衝突の六秒前に歩行者を検知し、一・三秒前には緊急ブレーキを要すると判断していた。しかし緊急ブレーキシステムが無効にされており、運転者に歩行者の存在が警告されなかった。またテストドライバーは事故直前には前方を見ていなかった。人間要因が事故原因となっていることを示唆する結果である。

人間と自動運転との関わりの中で何が問題で、どのように克服するのかは現在議論中である。ここでは、現在問題とされ研究が進められている点を述べる。

機能の理解と過信・依存

自分で運転する必要がない交通機関というと、飛行機や船、電車、バスを思い浮かべるだろう。これらでは自分は眠っていてもよく、ただ乗るだけで目的地に連れて行ってくれる。そこで、自動車の自動運転と聞くと、「公共交通機関と同様に、運転者が操作しなくても車が自ら動き、運んでくれるもの」と理解されるのは自然なことである。また自動運転や運転支援機能の搭載をアピールする広告では、運転者が運転に集中していないのに車が自動的に止まってくれて事故を回避するといったシーンが描かれることもある。そうして次第に多くの人の心の中に、「自動運転車とはこういうものだ」というイメージができてくるが、そのイメージが実際の自動運転車の動きと異なり、場合によっては危険を招くことが起こるようになる。

先進技術を利用してドライバーの安全運転を支援するシステムを搭載した自動車は先進安全自動車（Advanced Safety Vehicle: ASV）と呼ばれ、すでに市販されている。このＡＳＶの使用実態について、二〇一八年一月に国民生活センターが実施した二〇〇〇人を対象としたアンケート調査[5]では、ＡＳＶの使用者は事故防止、快適な運転、事故時の被害を軽くするということを期待してＡＳＶを購入しているが、そのうち約二五％の人が先進安全装置に関連する想定外の出来事を経験していることが判明した。その内容は、意図せず装置が作動した、あるいは作動すると思っていたのに作動しなかった、急に加減速したといったもので、その結果、想定外の出来事を経験した人のうち約二五％の人が何らかの損害を受けていた。このことは、ＡＳＶ使用者が先進安全装置の作動条件について十分に理解できていないことを示している。また、「作動すると思っていたのに実際には作動しなかった」という経験の背後には、自動運転に対する過信があると考えられる。

赤松・北崎[1]は自動車とドライバー、他の交通参加者、社会の関わりから、自動運転で問題となることについて整理している。ドライバーとの関わりでは、システムの機能・状態・操作・挙動の理解に関わる問題があるとしている。

システムの機能の理解とは、自動運転機能を持つ車が周囲の状況に応じてどのように反応し動くのかがわかるということであるが、これは車に関する知識や使用経験、車載ディスプレイに表示される情報などから得られるメンタルモデルにもとづいている。自動運転機能のメンタルモデルが誤っていると誤操作が起きたり、不適切な行動が起こったりする。「前方を注意していなくても車のセンサが必ず危険な対象を発見してくれて自動でブレーキをかけてくれるから、自分はビデオでも見ていよう」というような行動はその代表例であり、自動運転への過信・依存である。

自動運転を含む自動化システムと人間の関わりに関しては、自分が行うべきことを自動化システムに任せてしまうというシステムの過剰使用（misuse）、逆に自動化システムに任せるべきことを自ら行うという過小使用（disuse）、自動化システムの監視を怠り、エラーを見のがすなどの不適切な監視行動（complacency）、自動化システムの動作を監視する警報システムに対して誤った反応をする、といった問題がある。[8] これに関して、自動車に先行して自動化が進んだ航空機の操縦やプラントでの監視作業を対象として研究が行われてきた。その結果、例えば、課題の一部を自動化システムに任せ、ユーザはそのシステムの動作を監視しつつ自分の課題を行う状況では、システムの過剰使用や不適切な監視行動が起こりやすいことが明らかになっている。その背後にはシステムへの過信や状況認識の失敗がある。自動運転（レベル一〜三）でドライバーがおかれる状況はこれと類似しており、同様の問題や事故が起こることが予想される。

運転の権限委譲に伴う問題

レベル二やレベル三の自動運転では、運転者は運転を監視したり、あるいは運転以外の行動（読書するなど）をしている状態から、運転への切り替えが要求される。つまり、人間のドライバーと自動システムの間で、どちらが運転操作を行う主体になるかが運転の最中に入れ替わることがある。これは「運転権限の移譲」の問題と呼ばれる。人間は新しい課題を始める時、ある程度の心的な準備状態を整えてから開始する必要がある。自動運転時の自動システムからドライバーへの運転権限移譲も同じで、まずシステムから人間への権限移譲を予告し、その後に権限移譲するという手続きが必要になる。これを安全に行うためにはどのくらいの時間が必要になるのかが研究されてきた。

運転権限移譲の研究では次のような実験が行われることが多い。まず図７−５に示すような研

図7-5 ドライビングシミュレータ
（大阪大学大学院人間科学研究科）

究室内で自動車の運転を再現できるドライビングシミュレータで、仮想的な自動運転を行う。その中で走行車線の減少や障害物が出現し、そこで自動運転が中止されドライバーによる運転に移行する。移行の前にドライバーに運転を行うよう合図を出し、そしてドライバーがハンドルやペダルの操作を行ったら、運転権限がドライバーに移ったとみなす。合図を出してからドライバーの操作までの時間を測定する。このような実験の結果、システムから人間への安全な運転権限移譲には一〇秒以上の時間がかかり、運転以外のことをしている状態からの復帰にはさらに時間がかかること、また運転再開後も四〇秒程度は運転が不安定になることが報告されている[4][9]。このような結果は、人間が急に運転を再開するということは難しいことを示している。

自動運転時の運転権限移譲は、ある課題をしている途中で別の課題に切り替えるということである。このようなことを行う時には、ドライバーは運転を再開するための準備を心の中で行うが、それにはワーキングメモリの中の認知過程のコントロール機能を使う[16]。この機能について、認知心理学では多くの研究が行われてきた。その研究結果はスムーズな権限移譲ができるシステムを作るうえで役立つと思われる。

(4)　自動システムが人を助けた結果を考える

やがて、人間特性を踏まえた運転支援や完全自動運転車の実用化、自動運転に対応した道路環境の整備が行われ、自動運転に関する法律や社会制度の整備なども完了する日が来る。その時、交通事故は激減し、運転できない人や過疎地に住む人のモビリティが確保され、物流もより効率的になり、人間はおおいに助けられることになるだろう。しかしこれに伴う負の側面はないのだろうか。

例えば、運転支援技術がさらに進み、人間に運転の権限移譲が生じることが少なくなっていくと、ドライバーは自分自身の運転スキルを維持することができるだろうか。自動化システムの使用による作業中の認知活動の極度の減少により「認知的廃用性萎縮」が生じ、その結果、課題遂行能力が失われる問題が指摘されている[10]。これは人間が運転する必要が残っている状況は問題になりうる。この問題に対して、人間があえて自ら行うことに利益があり（不便益）、あらゆる労力を省くのではなく人間が行う部分を考慮して物事の設計を行うべきとする主張がある[7]。

また、より大きな変化として、自動運転が普及することで交通サービス、産業構造、雇用などの社会的経済的環境の大きな変化も予測されている。自動運転以外に限らず、人工知能の発達に伴う自動化技術が社会に及ぼす影響は大きく、どのような影響があるか、またどのように対応していくかについて多くの議論が行われている。[6] 急速に発達する自動化システムを社会的にどのように受容していくのかは、自動化システムが真に人間を「助ける」存在となるのかを左右する重要問題と言える。

4　おわりに

現在では、機器が「使いやすい」ことは重要な価値として認識されるようになり、さまざまな改善がなされるようになってきた。以前に比べると、あからさまに「使いにくい」ものは少なくなってきたように感じられる。しかし、それでもなお「使いにくい」デザインに出会うことがしばしばある。[11] 認知心理学や認知科学、人間工学をはじめとする人間科学の研究の中で明らかにされてきた人間特性、特に人間の情報処理過程を考慮し注意深くデザインすること、そのデザインのよしあしを検証するプロセスを持つことが必要である。

また、技術開発により自律的に動作する機器やシステムが現れつつある。これをどのように利用すれば人を「助ける」ことに役立つのか、また人間の特性をふまえるとどのように改善していけるのか、さらにはどのような条件下ではそれは人を「助けない」のかを考える必要がある。

新しい技術、それを生かした製品やサービスには夢がある。「これまでにない新しい機能が実現されている」「より使いやすい」「より便利」「より楽で楽しい」ということはよいことでしかないように思われる。しかし、自動運転をはじめとする自動化システムの出現・普及と、それに伴う問題が示すように、新しい製品やサービスには、よい影響と悪い影響の両方がありうる。新しい技術や道具を開発することが誰を助け、あるいは助けず、その結果どのようなことが起こり得るのかを問うこと、それにどのように備えるかは新たな人間科学の課題となるだろう。

引用文献

（1）赤松幹之・北崎智之（二〇一五）．人と自動運転システムとのインタラクションにおけるヒューマンファクタの課題．『自動車技術』六九、六六–七二

（2）Baddeley, A. D.（2000）. The episodic buffer: a new component of working memory? *Trends in Cognitive Sciences*, 4: 417–423.

（3）Endsley, M. R.（1995）. Toward a theory of situation awareness in dynamic systems. *Human Factors*, 37: 32–64.

（4）Eriksson, A., Stanton, N. A.（2017）. Takeover time in highly automated vehicles: Noncritical transitions to and from manual control. *Human Factors*, 59: 689–705.

（5）独立行政法人国民生活センター（二〇一八）．先進安全自動車に関する消費者の使用実態――機能を過

信せずに安全運転を心がけましょう――　http://www.kokusen.go.jp/news/data/n-20180118_1.html（二〇一八／六／一閲覧）

（6）井上智洋（二〇一六）．『人工知能と経済の未来：二〇三〇年雇用大崩壊』文春新書

（7）川上浩司（二〇一七）．不便益システムデザイン．川上浩司（編）『不便益――手間をかけるシステムのデザイン』一-二〇　近代科学社

（8）前東晃礼、三輪和久、寺井仁（二〇一四）．自動化システムの使用と信頼の役割．『認知科学』二一、一〇〇-一一二．

（9）Merat, N., Jamson, A. H., Lai, F. C. H., Daly, M., Carsten, O. M. J.（2014）. Transition to manual: Driver behaviour when resuming control from a highly automated vehicle. *Transportation Research Part F: Traffic Psychology and Behaviour*, 27: 274–282.

（10）三輪和久（二〇一四）．オートメーションと付き合うために知っておくべきこと：認知的廃用性萎縮の課題．電子情報通信学会誌．九七．七八二-七八七

（11）中村聡史（二〇一五）．『失敗から学ぶユーザインタフェース　世界はBADUI（バッド・ユーアイ）であふれている』技術評論社

（12）National Transportation Safety Board（2018）. Preliminary report: Highway HWY18MH010. https://www.ntsb.gov/investigations/AccidentReports/Reports/HWY18MH010-prelim.pdf（二〇一八／六／一閲覧）

（13）日本学術会議（二〇一七）．自動運転のあるべき将来に向けて――学術界から見た現状理解――　http://www.scj.go.jp/ja/info/kohyo/pdf/kohyo-23-t246-1.pdf（二〇一八／六／一閲覧）

（14）西村直人（二〇一七）．『二〇二〇年、人工知能は車を運転するのか――自動運転の現在・過去・未来』

インプレス
（15）ノーマン・D．（二〇一五）．（岡本明・安村通晃・伊賀聡一郎・野島久雄訳）『誰のためのデザイン――増補・改訂版』新曜社
（16）苧阪満里子（二〇一一）．ワーキングメモリ．太田信夫・厳島行雄（編）『現代の認知心理学2　記憶と日常』二六-四三　北大路書房
（17）ラスムッセン・J．（一九九〇）．（海保博之・加藤隆・赤井真喜・田辺文也訳）『インタフェースの認知工学――人と機械の知的かかわりの科学――』啓学出版
（18）篠原一光（二〇一七）．現在の自動車交通の諸問題解決に向けた心理学的研究の貢献．『心理学評論』六〇：三三七-三五二
（19）Wickens, C. D., Hollands, J. G., Banbury, S., Parasuraman, R. P.（2013）. *Engineering Psychology and Human Performance 4th Edition*. Upper Saddle River: Pearson.
（20）山岡俊樹（二〇一五）．『デザイン人間工学の基本』武蔵野美術大学出版局

参考図書

・D・A・ノーマン（二〇一五）（岡本明 他 訳）『誰のためのデザイン？ 増補・改訂版』新曜社

人間がモノを使う時の行動や、使いやすさ、ヒューマンエラーが起こる過程を論じている。本書は「よいデザイン」について認知心理学的に重要な観点を提供し、学術・実務の両面で大きな影響を与えてきた本である。

・篠原一光・中村隆宏（二〇一三）『心理学から考えるヒューマンファクターズ：安全で快適な新時代へ』有斐閣ブックス

ヒューマンファクターズとは人間と機械・システムの関係を考える複合的学術領域であり、本書は心理学の各領域の知識をヒューマンファクターズにどのように生かすかという観点から、心理学の基礎的知識を説明している。

・松尾豊（二〇一五）『人工知能は人間を超えるか ディープラーニングの先にあるもの』角川EPUB選書

人工知能やディープラーニング（深層学習）の全体像、研究開発の歴史的経緯、またその発達が社会にどのような影響を与え得るかについて、専門家でない読者にも理解できるよう平易に解説した本である。

第8章　助けるサル、助けないサル

山田　一憲

1　はじめに

「何か」について知りたいときは、その「何か」を直接調べるだけでなく、「『何か』でないもの」にあえて目を向けることで、新しい気づきを得られることがある。これは私たちが大切にしている考え方である。人間の科学的理解をめざす人間科学部において、私が所属する比較行動学研究分野では「ヒトではない動物」を研究対象としている。ヒトではない彼ら彼女らの行動と社会を知ることで、他の動物にはないヒト固有の特徴やヒトが他の動物と共通してもっている特徴が浮かび上がってくる。

シリーズ人間科学の第一巻「食べる」において、清水（加藤）真由子はヒトが食べ物を分け合う行動について紹介している。[11] ヒトは、大人であっても子どもであっても、相手の立場を想像して平等に食べ物を分けようとする。離乳期の子に対して、親は子の成長や食への意欲を敏感に感じ取りながら、それに応じた離乳食を作り、食べさせる。ヒトの暮らしがこのような豊かな食物分配で満たされていることは、私たちはヒトとして当たり前に知っている。一方で、野生チンパンジーの食物分配行動は、交尾の機会と交換するためにオスからメスに食べ物が移りわたったり、母親が食べている物に子どもが手を伸ばして奪ったりすることで生じている。[6] 相手を思いやった平等な食物分配や、親が子どもに食べ物を積極的に差し出す行動は、ヒト以外の動物ではほとんど見られない。ヒトでは当たり前の行動が、ヒト以外の動物では当たり前でないと知ることで、ヒトの特殊性に気づくことがある。

本章ではヒトの「助ける」行動を理解するために、比較行動学的視点から話題提供を行う。援助行動が生物学でどのように定義されているか、ヒト以外の霊長類はどのように他者を助けるか（もしくは助けないか）について説明する。これらの話題は、「助ける」という言葉の響きから一般的に連想されるような話題ではないかもしれない。しかし、動物に見られる援助行動を知ることで、ヒトが行う援助行動を新しい視点から理解しなおすことに繋がると考えている。

2　「助ける」行動の進化生物学的定義

動物の社会行動は、その行動の行為者と受け手が得る利益と被る損益に応じて四種類に分類される（表8-1）。自然選択とは生存や繁殖を有利に進める特徴が集団に広がる過程である。そのため、社会行動の進化を考える上では、社会行動を行うことによってその行為者の生存や繁殖がどれくらい有利になったのかに注目することが重要となる。[4] 行為者にとって利益となるが受け手にとって不利益が生じるような行動は利己行動と定義される。例えば、他者の食べ物を奪って自分のものとする強奪行動が該当する。行為者にとっても受け手にとっても不利益が生じる行動は嫌がらせ行動である。ある寄生バチは宿主に卵を産みつけ、宿主の体内で幼虫が成長する。一部の幼虫は繁殖しない不妊個体となり、宿主内にいる他の幼虫を攻撃して殺してしまう。不妊個体に変化する幼虫は自らの繁殖を放棄するという点で適応的な利益がなく、同じ宿主に同居していた幼虫は殺害されてしまうため、両者ともに不利益しかない嫌がらせ行動と分類される。ある行動が行為者と受け手の両者に利益をもたらす場合、相利行動と分類される。ホンソメワケベラのような掃除魚が大型魚の体に付着している寄生虫を食

表8-1　社会行動の4分類

	受け手への影響	
行為者への影響	−	+
+	利己行動（selfish behavior）	相利行動（mutualism）
−	嫌がらせ行動（spite behavior）	利他行動（altruistic behavior）

べる行動は、行為者が栄養を得ながら受け手には寄生虫除去という利益がもたらされるため、相利行動に該当する。利他行動は、行為者にとっては不利益が生じ、受け手には利益が生じる行動である。例えば、ミーアキャットの警戒音声は、利他行動である。捕食者を発見した個体が大声で鳴くこの行動は、行為者にとっては捕食者に見つかる危険性を高める一方で、群れの仲間にとっては少しでも早く避難することで生存率を高める効果を持つ。ミーアキャットの協力行動については、後にまた取り上げる。

進化生物学において援助行動（helping behavior）は、上記の相利行動と利他行動のどちらかを満たすものとされている[13]。さらに、相利行動と利他行動のどちらかを満たす行動を協力行動（cooperative behavior）とする場合もある。このような定義が意味することは、援助と協力の間に明確な線引きができないということである。日本語の日常的な意味として、援助とは困った相手のために力を貸すことであり、協力とはお互いの力を合わせて課題に取り組むことである。しかし進化生物学では、行為者から受け手への一方的な利益提供だけが援助ではなく、お互いに利益がもたらされるようなやりとりも援助であると定義されている。行為者自身に利益がもたらされる行動も援助に含めるのはなぜだろうか。その理由は進化と関連している。自然選択は生存や繁殖を有利に進める特徴を強調するため、行為者に利益が生じない自己犠牲的な行動は、進化的に不適応であって消えてなくなってしまうと予測される。相利行動に該当する援助行動であれば、行為者に直接の利益が生じるため、進化の理論と一致する。しかし一方で、利他行動そのものは行為者に利益をもたらさないため、矛盾が生じてしまう。援助行動の進化を考える上で重要なのはこの矛盾の検討であり、具体的には、次節に示すような援助行動を行った行為者にどのような利益がもたらされるのかに注目が集まった。

3 援助行動が進化的に成立する仕組み

援助行動が行為者に進化的な利益をもたらす仕組みとして、互恵性、血縁選択、副産物、強制が取り上げられている。これらを順に確認する。

互恵性とは、援助行動の受け手がお返しとなる援助行動を行為者に向けて行うことで、結果として両者に利益が生じ、進化的に成立しうるとするものである。互恵性の典型例は、集団を形成する霊長類で頻繁に観察される毛づくろいである[15]。毛づくろいは外部寄生虫であるシラミの卵を除去する機能をもつ。毛づくろいの受け手は衛生状態の向上という適応上の利益を得られる一方で、毛づくろいの行為者には不利益が生じる。採食や休息のような自分自身にとって重要な活動に割く時間が減少したり、捕食者や敵対する仲間への警戒がおろそかになって攻撃されやすくなったりするためだ。このように毛づくろいは、行為者に損益が、受け手には利益が生じる、典型的な援助行動とみなされている。ニホンザルでは、頭や背中のような自分の手では寄生虫を除去しにくい部位に多くのシラミの卵が付着している。ニホンザルは同じ集団で生活する仲間と相互に毛づくろいを交換することで、お互いの衛生状態を維持していることが明らかになっている。長時間の毛づくろいは、行為者がより多くの外部寄生虫を除去していること、すなわちより多くの利益を受け手に提供していることを意味する。同一の二個体間で交換された毛づくろいの持続時間を比較したところ、最初の毛づくろいの持続時間とお返しとなる毛づくろいの持続時間の間に正の相関関係があったことから、お互いに提供し合う利益の量が等しくなるように、毛づくろいの持続時間が調整されていることが示されている。毛づくろい時間を均等にやりとりできる個体同士は、親和的な関係がより長年にわたって継続することも知られている。この事実は、逆に考えると、均等な利益の交換ができない相手とは関係性が断絶していくことを意味している。

互恵性に関連した援助行動として有名なのが、中米コスタリカに生息するチスイコウモリである[14]。チスイコウモリは血縁者と非血縁者から構成される集団を形成して、主に家畜の血をなめとって栄養源としている。夜に採食に出かけても、吸血に失敗することが度々起こるようだ。そのような場合、集団の中で血を吸うことができた個体が血を吐き戻して、血を吸うことのできなかった個体に与えることがある。実験の結果、血の吐き戻しが、同じねぐらを頻繁に利用する非血縁個体同士でも生じることと、空腹時に血を分けられた個体が後に頻繁に吐き戻しを行っていたことが確認された。コウモリは、飛翔能力を獲得するために、体を軽くするという進化を遂げてきた。そのために一度に大量の食物を摂取することができず、少量の食物をこまめに摂取しないとすぐに飢えてしまう。頻繁に直面する飢餓への対処として、飢えた仲間に対する血の貸し借りが進化したのではないかと考えられている。

血縁選択とは、行為者が血縁者に向けて行った援助行動は、行為者と受け手が共有している遺伝子の確率分だけ行為者の利益として評価できるとする枠組みのことである。二個体がある遺伝子を共有する確率を血縁度という。親子や同じ両親から生まれた兄弟姉妹の間の血縁度は〇・五、祖父母と孫の間は〇・二五、同じ祖父母を共有するいとこの間では〇・一二五となる。集団遺伝学者のJ．B．S．ホールデンは「溺れている二人の兄弟、もしくは八人のいとこを助けるためならば、私は川に飛び込む」と語ったとされる。行為者が血縁者に援助行動を行うことで自身の命を失ったとしても、その援助行動を引き起こす遺伝子が血縁度の確率に応じて受け手である血縁者にも備わっているため、複数の血縁者（血縁度〇・五の兄弟であれば二人以上、血縁度〇・一二五のいとこであれば八名以上）の命が助かるのであれば、援助行動を引き起こす遺伝子が集団から消滅することはない。ホールデンの逸話は、血縁選択による援助行動の進化を直感的に理解するよい材料となっている。

霊長類が行う援助行動としての毛づくろいは、先述の互恵性だけでなく、血縁選択でも説明ができる。援助行動により生じる利益を、自分と遺伝子を共有する確率がより高い相手に向けることは、利益の回収という点で効率が高まる。実際に、毛づくろい相手として好まれるのは、非血縁者よりも血縁者であることや、血縁者の中でも血縁度の高い相手あることが、一般的である。ニホンザルは成長すると、オスは出自の群れを出て他の群れに加入する一方で、メスは生まれた群れに生涯とどまる。ニホンザルの群れはメス同士が血縁的な繋がりを持つ母系集団となるため、多くの血縁者と暮らすメスは、オスと比べて、熱心に毛づくろい交渉を行う。チンパンジーは、オスが出自集団に留まる父系集団を形成する。よって、オス同士の毛づくろいが頻繁に観察できる。

捕食者に対する警戒音声を、非血縁個体よりも血縁個体が近くにいる場合に頻繁に発する動物も多い。ベルディングジリスの群れは、ニホンザルのような母系集団である。成体メスにとって群れの他個体は血縁関係にある可能性が高いが、成体オスとっては血縁関係にない個体がほとんどとなる。そのため、ベルディングジリスでは、成体オスよりも、成体メスの方が頻繁に警戒音声を発して、群れの仲間に警戒を促す[10]。これらの事例は、援助行動が同じ群れで暮らす誰に対しても等しく向けられているのではなく、行為者が究極的に利益を得る可能性の高い相手に向けて提供されやすいことを示している。

利己的な行動が結果として他個体にも利益をもたらすような援助行動は、副産物としての利益と見なされる。ヒヒのメスが発情すると、繁殖の機会を得るためのオス同士の争いが生じる[1]。順位のもっとも高いオスは繁殖可能なメスを独占しようとするが、その他の中順位のオスたちが連合して、高順位のオスに敵対的交渉をしかけることがある。高順位オスを追い払うことができた場合は、中順位オスの中からメスとの繁殖を独占する個体が決まる。中順位オスにとっては、単独で高順位オスとの戦いに勝つことは難しいが、複数個体が同時に高順位個体に襲いかかることで繁殖に至る可能性が高まる。繁殖成功という利己的な利益を得るために複数のオスがそれぞれ行動することで、連合という協力行動が生じる例である。

ミーアキャットは、アフリカ南部のカラハリに生息する小さなマングースである。二〇–四〇頭程度の集団を形成し、繁殖を独占して行う優位なつがいとその子、そのつがいから生まれ成長した劣位個体と他の群れから移籍してきた劣位個体からなる。ミーアキャットの社会の特徴は、共同繁殖にある。共同繁殖とは、つがいペア以外の劣位個体がヘルパーとして年下の子の世話を行う繁殖形態を意味する。劣位オスも劣位メスも自身が繁殖することはほとんどなく、ヘルパーとなって、優位なつがいの繁殖を助ける。[4] ヘルパーが子守りをしている間、優位個体は巣穴の外へ採食に出かける。採食によって優位個体は体重を五・九％増加させる一方で、子守りを担当するヘルパーは体重を一％減少させることもあるようだ。ミーアキャットの共同繁殖は、ヘルパーにとっては自分が繁殖する機会を放棄させ、エネルギーの損失も増すという、大きなコストを生じさせる。しかし一方で、ミーアキャットのヘルパーには、このような社会で暮らす利益ももたらされているようだ。[3] ヘルパーが優位個体の繁殖を手伝うことで、集団の成員数は増加する。大きな集団は、小さな集団よりも、捕食者への警戒を効果的に行うことができき、さらに他の集団との縄張り争いを有利に進めることができるため採食時間を増加させることができる。実際に、成員数が増えることによって、個体の死亡率が低下することが明らかになっている。子守りに励んで、将来のヘルパーを多く育成できれば、結果として自分の子守りの負担が低下する効果も生じる。ベルディングジリスと同じくミーアキャットも、成長したメスは出自の集団にとどまり、オスは他の集団に移籍する傾向が強い。群れを出て行く頃の劣位オスのヘルパーは子守り行動を減少させるが、劣位メスのヘルパーはより熱心に子守りを行うことから、メスの子守り行動は優位個体の縄張りとヘルパーを将来自分が引き継ぐ可能性があるということにも影響されているようだ。以上のように、ミーアキャットの子守り行動には、群れを大きくすることでヘルパー自身の生存率が高まり、将来ヘルパーが引き継ぐかもしれない群れを大きく魅力的にしておくなどの利点がある。ヘルパーにとっての利己的な行動が、副産物として優位個体への援助となっている。

最後に強制を取り上げる。これは、援助行動の受け手から行為者に対して嫌がらせや罰が与えられるため、行為者が援助行動をさせられているという仕組みを意味する。ミーアキャットの子守り行動には、強制の側面もある。優位メスが妊娠すると、集団内の劣位個体に対する攻撃性が高まる[7]。とりわけ、群れ外オスの子を妊娠している劣位メスや最も妊娠しそうな劣位メスが、優位メスの攻撃ターゲットとなりやすく、群れから追い出されることになる。群れから追い出された劣位メスを調べると、ストレスホルモン濃度が上昇し、体重が減少し、流産の確率が二倍近く上昇していた。劣位メスが出産した場合、優位メスが劣位メスの子を殺すこともあるようだ。優位メスによる劣位メスの追い出し行動は、劣位メスの繁殖活動を制限することで、劣位メスによる子守り行動を促進する。つまり、劣位メスは援助行動を強制させられている。

ホンソメワケベラの掃除行動は、相利行動としての援助行動である。しかしこの魚は、寄生虫だけでなく、大型魚の皮膚や粘液も好んで食べることがある。そのような場合、大型魚がホンソメワケベラを攻撃的に追いかけたり、その場から泳ぎ去ったりしまうことが観察されることから、ホンソメワケベラの利己的な行動に対して、大型魚が採食機会を奪うという罰を与えていると考えられている。これらの罰が、ホンソメワケベラの利己性を抑え、援助行動を促進している可能性を示す給餌実験がなされている[2]。ホンソメワケベラに二種類の餌を提示すると、魚肉よりもエビを好むことが確認できた。そこで実験者は、ホンソメワケベラがエビを食べた場合に、エビを取り除いて採食機会を取り上げたり（泳ぎ去った大型魚を示している）、ホンソメワケベラを攻撃的に追いかけたりするような操作を行った。その結果、ホンソメワケベラはエビが提示されたとしても、魚肉の餌を食べる傾向が強まった。おそらく野生のホンソメワケベラも、罰を与えられることによって、より掃除に励むようにしむけられているのだろう。

チンパンジーはアカコロブスなどの霊長類の狩りをするが、獲物を仕留めた個体がその肉を独占することは難しい。狩りに参加した個体だけでなく狩りに参加しなかった個体も獲物の周りに集まってきて、肉に手を伸ばす。これらのやりとりは肉の分配であって、所有者から分配者への援助行動とみなすことができる。しかし、この食物分配に対して、肉の所有者は必ずしも積極的ではないようだ。所有者は、獲物を仕留めた後、その死体をもってその場を離れる。他のチンパンジーがついて来られないような枝先まで木を登ったり、分配をせがむ個体を追い払ったりする。タンザニアのゴンベストリームでチンパンジーの肉の分配行動を観察したI・C・ギルビーによると、獲物の所有者に分配をせがむ個体が増えると所有者はその追い払いに手間取ること、分配をせがむ個体が獲物の肉に触れたり所有者の口に手を伸ばしたりして食事の邪魔をすると肉を分配してもらえる確率が高まること、肉の分配が起こると所有者に対する食事の邪魔がおさまることが明らかになっている。[5] 食物分配と聞くと、ヒトの世界では尊い行為として連想されやすい。しかし、チンパンジーの肉の分配に関しては、分配が生じるまで周囲の個体からの嫌がらせが続くため、嫌がらせを終わらせるためにしぶしぶ肉を分け与えているという状況が頻繁に生じているようだ。

ここまで動物の援助行動を進化させてきた四つの仕組み（互恵性、血縁選択、副産物としての利益、強制）について、概観してきた。多様な動物種に援助行動が存在することがわかるだろう。そして、これら四つの仕組みが独立に援助行動を説明できるわけではないことも見えてくる。ミーアキャットの子守り行動は、ヘルパーが条件のよい群れで生活するための副産物であり、かつ優位メスからの強制によって生じる行動であった。しかし、そもそもヘルパーが優位な繁殖個体の子であることも多いため、ヘルパーが子守りをしているのは自分と遺伝子を共有する妹や弟である場合も多い。つまり、血縁選択によっても説明が可能となる。ミーアキャットの援助行動は、大きな群れで生活する利益を劣位なヘルパーに直接もたらすだけでなく、血縁者の繁殖を促進することで自分の遺伝子の適応を間接的に高めるという利益ももたらしている。

霊長類の毛づくろいは、受け手の外部寄生虫を除去する援助行動であることは既に確認した。しかし、細かな点ではさらに注目すべき点がある。毛づくろいの行為者は、受け手の体毛をかき分けて外部寄生虫を見つけると、指を使って器用につまみ上げて、食べる。シラミの卵を摂取することで得られる栄養的な利益は極めて低く、シラミの探索と除去にかかるコストの方が圧倒的に高いため、毛づくろいが利他的行動としての援助行動であることは揺らがない。ただし毛づくろい交渉において、単位時間あたりのシラミ卵のつまみ上げ回数が低下するとその毛づくろいが終わってしまうことが明らかになっている(8)。この事実は、行為者はシラミ卵がなかなか見つからない状況になると毛づくろいを止めてしまうことを意味しており、受け手の衛生状態の維持という毛づくろいの援助行動としての機能に関しても、行為者が効率的にシラミ卵を見つけられるかどうかといった自己本位的（self-interested）な動機に影響されることが示唆されている。チンパンジーによる食物分配も、母親の食べ物が子に渡るのは血縁選択であり、成体オスが発情メスに分配して交尾の機会を得るのは互恵性であり、周囲の個体が嫌がらせによって手に入れるのであれば強制である。以上のように、援助行動は、一次的には受け手に利益がもたらされる行動であるが、さまざまな経路を経て、もしくは時間的な遅延を伴って、行為者にも利益がもたらされることで進化的に成立してきた。

4　助けないサル

ここからは進化的な利益という視点からすこし離れて、霊長類が実際にどのように相手を「助ける」のかを見ていきたい。おそらく読者の想定を超えて、サルは他者を助けない。

二〇〇七年一二月二七日のことだった。私は研究対象としてきた勝山ニホンザル集団（岡山県真庭市）において、一歳半のオスの子ザル（名前をElzia'73'85'06といった）が右後肢にケガをしているのを発見した。前日までの観察では、この子ザルのケガは記録されていなかった。時刻は一五時前で、集団は奥の山に向けて移動を始めていた。この子ザルは、不自由になった右後肢のすねと甲を地面に引きずりながら、最後尾から集団を追っていた。彼がしばらく移動すると、そこには彼の母親であるサルがいた。母ザルも集団の最後尾で、採食しながら移動しているところだった（図８－１）。

この子ザルは、母ザルにとって十分な養育対象である。一般的な一歳半の子ザルの場合、母子は日中の六割の時間を二メートル以内の距離で過ごし、さらにその半分の時間では授乳を行っている。長距離を移動する場合や、天敵と遭遇した場合には、母ザルが子を背に乗せて一緒に移動することもある。かつてムササビが集団の上を滑空したときに、それに驚いたある母ザルが三歳の息子を背負って逃げ出したことがあった。平均体重から推測すると、あの母ザルは自分の体重の三〇パーセント近い子を背負っていたことになる。相当に重かったはずだが、それだけに母ザルの子に対する強い執着を感じることができた（図8-2）。

ケガをした子ザルが母ザルと合流したとき、私はほっとした。母ザルがそばにいるならば、ケガをした息子を背負って一緒に帰ってくれるだろうと期待したからだ。集団が帰ろうとしている山は、右足を地面に引きずったまま上れる山ではなかった。しかし、彼女は、足を引きずる息子を見ても、彼を背負って歩くことはなかった。しばらくすると、彼の二歳年長の姉が近

図8-1　採食する母ザル（左）の横を、右後肢を引きずりながら移動する1歳半の子ザル（右）。

図8-2　子ザルの背部運搬

上の写真は、生後半年の子ザルに対する運搬。下の写真は、ムササビが現れて、3歳の子を慌てて運搬した母ザル。3歳齢の子の体の大きさに注目。

づいてきたが、彼女も弟を背負うことはなかった。母ザルと姉はさっさと山へ帰っていき、彼はやはり足を地面に引きずりながら、仲間を追って山へ上がっていった。彼の姿を記録したのはそれが最後であったため、死亡したと判断された。

同じ勝山ニホンザル集団では、別の一歳半の子ザルが後肢にケガをして、一ヵ月後に死亡する事例があった。[12] ケガをする前後で母ザルとの交渉を比較すると、ケガをした後は母ザルが子に対して身体接触や毛づくろいといった養育行動を頻繁に行っていた。ただしこれらの養育行動は、子ザルがゲッキングコールと呼ばれる養育を求める音声を発した直後に生起することが多かった。そしてこの子ザルは、ケガを負った後から、頻繁にゲッキングコールを発するようになっていた。母ザルは傷ついた子に対して自発的に養育行動の頻度を高めたというよりも、子の養育要求に反応した結果、子に対する援助が高まった可能性が示唆された。

イタリアのローマ動物園で飼育されているニホンザル集団で観察された五五四回の敵対的交渉において、子ザルが他個体から攻撃を受けた後の母ザルの行動を定量的に解析した研究がある。[9] 攻撃を受けた子ザルは母ザルのいる場所へ逃げ戻る一方で、子が攻撃を受けた場面を目撃していたとしても母ザルが子ザルのもとへ駆けつけるわけではなかった。攻撃を受けた子ザルは頻繁にスクラッチをする。スクラッチとは、自分の体を四肢で掻く行動であって、不安やストレスを示す行動として利用されている。子が攻撃を受けている姿を見ても、子が攻撃を受けてスクラッチをしている姿を見ても、母ザルのスクラッチは増加しなかった。つまり、母ザルは、子ザルが攻撃を受けても、不安な兆候を示さなかった。ニホンザルの母親は、最も親密な相手である子ザル（先述の通り、親子間の血縁度は〇・五であって最も大きな値となる）の苦痛や困難に対してすら、察することや共感することが難しいようだ。

自発的な援助行動を調べた研究として、チンパンジーによる道具の貸し借り実験が有名である[16]。透明な仕切りで区切られた隣り合う二つの実験室に二頭のチンパンジーが入った。それぞれの部屋には報酬としてジュースがおかれているが、一方の部屋ではストローを利用しないとジュースが飲めず、他方の部屋ではステッキを使ってたぐり寄せないとジュースを飲むことができない。実験では、ストローの部屋のチンパンジーにステッキを渡し、ステッキの部屋のチンパンジーにストローを渡すことで、チンパンジー同士が仕切りに開けられた隙間から道具を交換してジュースを飲むことができるのかどうかを調べた。全試行の約六〇％でチンパンジーは道具を交換してジュースを飲むことができたが、その七五％において、隙間から相手の部屋に手を伸ばし入れたり、声を上げたりするなど、道具を要求する行動が見られた。つまり相手に必要な道具を差し入れる援助行動は、相手から要求されてはじめてなされることが多く、自発的な援助行動は稀であった。

以上の研究は、ヒト以外の霊長類は、自発的に他者を助けることが難しいことを示している。ムササビに自分自身が怯えた母ザルは三歳になる子を背負って逃げるが、ケガをして足を引きずる一歳半の子を見ても母ザルは子の移動を支援しない。子が必死に要求をすれば母ザルは援助を行うが、いじめられている子を見て母ザルの心が大きく動揺する様子は見られない。自分の手元にある道具が相手にとって重要であることは理解できても、それを渡すためには相手からの要求が必要になる。このような事例を見ると、私たちヒトは「もうちょっと気を利かせば相手は助かるのに、なぜサルはそれができないのだろうか」と不思議に思う。逆にニホンザルやチンパンジーの立場になってみると「求められてもいないのに、なぜヒトは他者を助けるのだろうか？」と不思議に思うのかもしれない。このような特徴から、山本真也はヒトを「おせっかいなサル」と呼んでいる[16]。

5　おわりに

本章では、ヒト以外の動物における援助行動に焦点を当てることで、以下の二点を確認した。互恵性、血縁選択、副産物、強制といった仕組みによって行為者に利益がもたらされることで、動物の援助行動が進化していた。相手に共感したり、相手を思いやったりすることによって、求められてもいない援助行動を進んで提供することがヒトの特殊性として指摘できた。

ヒトの社会、とりわけ日本では、援助行動には献身が重視される傾向にあるようだ。助ける側と助けられる側に明確な線引きがあって、助ける側は、助けられる側に迷惑をかけてはならない。災害ボランティアは、食事と宿泊所は全て自分で確保するべきで、被災地で要求するのは間違いだ。そもそもボランティアや援助活動は、偽善で、自己満足に過ぎない。このような極端な言説を見かけるたびに、なぜ我々の社会では援助行動の行為者が利益を得ることに反感が生じるのだろうと不思議に思う。これまで見てきたように、援助行動の進化には、何らかの経路で行為者に利益が返ってくることが不可欠である。援助行動の行為者はいわば「助けているようで、助けられている」そんな存在であったはずだ。ヒトが行為者に献身を求めてしまうことと、ヒトがおせっかいなサルであることは、同根なのだろうか？　援助行動に対してヒトが持つ繊細な感情を評価していくことは、比較行動学、心理学、共生学のいずれにおいても重要な、人間科学的課題であると考えられる。

引用文献

（1）ボイド・B、シルク・J・B（二〇一一）．（松本晶子・小田亮監訳）『ヒトはどのように進化してきたか』ミネルヴァ書房

（2）Bshary, R., Grutter, A. S.（2005）. Punishment and partner switching cause cooperative behaviour in a cleaning mutualism. *Biology Letters*, 1, 396–399.

（3）Clutton-Brock, T.（2002）. Breeding together: Kin selection and mutualism in cooperative vertebrates. *Science*,

296, 69–72.
（４）デイビス・N・B、クレブス・J・R、ウエスト・S・A（二〇一五）（野間口眞・山岸哲・巖佐庸訳）『行動生態学 原著第四版』 共立出版
（５）Gilby, I. C.（2006）. Meat sharing among the Gombe chimpanzees: Harassment and reciprocal exchange. *Animal Behaviour,* 71, 953–963.
（６）Hockings, K. J., Humle, T., Anderson, J. R., Biro, D., Sousa, C., Ohashi, G., Matsuzawa, T.（2007）. Chimpanzees share forbidden fruit. *PLoS ONE,* 2, e886.
（７）Kutsukake, N., Clutton-Brock, T. H.（2006）. Aggression and submission reflect reproductive conflict between females in cooperatively breeding meerkats *Suricata suricatta. Behavioral Ecology and Sociobiology,* 59, 541–548.
（８）Onishi, K., Yamada, K., Nakamichi, M.（2013）. Grooming-related feeding motivates macaques to groom and affects grooming reciprocity and episode duration in Japanese macaques（*Macaca fuscata*）. *Behavioural Processes,* 92, 125–130.
（９）Schino, G., Geminiani, S., Rosati, L., Aureli, F.（2004）. Behavioral and emotional response of Japanese macaque（*Macaca fuscata*）mothers after their offspring receive an aggression. *Journal of Comparative Psychology,* 118, 340–346.
（10）Sherman, P. W.（1977）. Nepotism and the evolution of alarm calls. *Science,* 197, 1246–1253.
（11）清水（加藤）真由子（二〇一八）食を通した心の発達　八十島安伸・中道正之（編）『シリーズ人間科学１　食べる』 三一-一三三　大阪大学出版会

（12）Ueno, M., Yamada, K., Nakamichi, M.（2014）. Maternal responses to a 1-year-old male offspring with severe injury in a free-ranging group of Japanese macaques. *Primate Research*, 30, 157–162.
（13）West, S. A., Griffin, A. S., Gardner, A.（2007）. Social semantics: Altruism, cooperation, mutualism, strong reciprocity and group selection. *Journal of Evolutionary Biology*, 20, 415–432.
（14）Wilkinson, G. S.（1984）. Reciprocal food sharing in the vampire bat. *Nature*, 308, 181–184.
（15）山田一憲（二〇一五）：霊長類における毛づくろいと利他行動　『未来共生学』二、六三–八一
（16）Yamamoto, S., Humle, T., Tanaka, M.（2009）. Chimpanzees help each other upon request. *PLoS ONE*, 4, e7416.

参考図書

・デイビス・N・B、クレブス・J・R、ウエスト・S・A．（二〇一五）（野間口眞・山岸哲・巌佐庸訳）『行動生態学　原著第四版』共立出版

行動の進化を学ぶ上での必携の教科書。援助行動に限らず、性、社会、コミュニケーション、個性、意思決定、捕食者-被食者関係などの進化について、理論モデルに基づいた実証的な検証を数多く紹介している。初版は一九八一年発刊であるが四度目の改訂では、内容の五〇%以上が書き換えられたという。過去の版と比較することで、この分野の大きな進歩を知ることもできるだろう。

・大槻久（二〇一四）『協力と罰の生物学』岩波書店

さまざまな生物にみられる協力と罰を紹介している。本章で扱うことができなかった、植物や細菌の協力と罰も紹介されている。著者は数理生物学者であるが、岩波科学ライブラリーのシリーズであるため、とても読みやすい内容になっている。

・トマセロ・M．（二〇一三）（橋彌和秀訳）『ヒトはなぜ協力するのか』勁草書房

トマセロは、ヒトの社会が豊かな協力で満たされている理由を、ヒトの子どもとチンパンジーの比較を通して、個体発生的視点と系統発生的視点の両面から探ってきたトップリーダーである。本書では、そのトマセロの研究成果が簡潔に紹介されているだけでなく、四名の指定討論者によるトマセロへの反論も掲載されている。この分野に関する人類の最先端の知見が集結し、その率直な議論の中から、次の重要な問いが生まれる現場をダイナミックに感じることができるだろう。

第4部

「助ける」のアート

第9章 カウンセリングにおける助ける工夫

井村 修

1 カウンセリングと専門性

人はさまざまな悩みを持つ。それは進路の選択、こころの健康問題、対人関係などである。生きるということは、このようなさまざまな悩みに直面し、解決したり先送りしたりしながら、時を過ごすということかもしれない。すなわち、われわれは生きている限り、悩みの全くない人生を送ることはできない。悩みが生じたとき、自分で解決できる場合もあるが、そうでない場合は、身近な家族や友人に相談するであろう。しかし、それでも解決できない場合は、こころの専門家である臨床心理士や精神科医に援助を求めることになる。臨床心理士はおもに健康な人の悩みを担当し、精神科医はうつや統合失調症のような、精神疾患の患者の治療を担当している。しかし、精神科で勤務する臨床心理士もいるので、このような区分も必ずしも厳密ではない。本章のタイトルは、「カウンセリングにおける助ける工夫」であるが、内容はカウンセリングと心理療法を含んだものとなっている。しかし、両者の区別も必ずしも明確でなく、「心理的支援の技法と理論の工夫」とした方が適切かもしれないが、カウンセリングという言葉は一般的に知られているので、本章ではこの言葉を使用することにした。

さまざまな場面におけるカウンセリングの中で、一般に認知され、普及しているのは、スクールカウンセラー制度であろう。この制度は、一九九五年度から始まり、「スクールカウンセラー活用事業補助」と呼ばれ、全国一万校以上にスクールカウンセラーが配置されている。スクールカウンセラーは、主に臨床心理士の有資格者であり、不登校をはじめ、いじめや自殺、事故や犯罪被害などの相談や支援に携わっている。今から四〇年以上も前、私が大学院生だったころ、恩師の一人が「医師や弁護士を主人公にしたドラマはあるが、心理の専門家のドラマはないですね。心理の専門家が主人公になるドラマができた時は、君たちも世間に知られるようになったと思いなさい」とおっしゃられたことがあった。それからそのようなドラマはなかったようだが、最近テレビドラマでスクールカウンセラーが主人公のドラマを見た。カウンセリングやスクールカウンセラー、臨床心理士が特別のものではなく、われわれの日常生活に入ってきた証拠と思った。二〇一七年の九月には、「公認心理師法」が施行され、国家資格として心理の専門職が認定されることになった。公認心理師の業務は、カウンセリング（当事者への相談業務）

だけでなく、家族や関係者への相談と指導、専門的立場からのアセスメント、こころの健康教育の啓発や実践も含んでいる。医療、教育、福祉、司法・矯正、産業などの多様な分野での貢献が期待されている。

２　カウンセリングのアプローチでの工夫

カウンセリングにはさまざまな技法や理論が開発されている。代表的なものでは、精神分析療法、来談者中心療法、認知行動療法が挙げられる。それから、家族療法、催眠療法、箱庭療法、自律訓練、ゲシュタルトセラピー、プレイセラピー、ブリーフセラピー、森田療法、内観・療法、動作法などがある。精神分析療法も、フロイト派、ユング派、クライン派、コフート派などの学派に分かれている。すぐに思い浮かべられるものでも二〇から三〇ほどあるので、おそらくエビデンスの低いものまで含めれば、ゆうに一〇〇程度はあると推定される。なぜこのように多様な技法や理論があるのだろうか。一つにはすべての人に効果がある、特定の決定的なアプローチがないことである。すなわち、ある人に効果的な療法が、別の人には効果が見られなかったり、適用できなかったりするからである。例えば、自分の内的体験を言葉にし、カウンセラーに伝え、自己理解を深めるアプローチは、児童や言語化が困難な知的障害を有する者には適用が難しい。彼らには、プレイセラピーや認知行動療法が効果的と考えられる。もう一つ考えられることは、それぞれのアプローチが重視するポイントが異なるという点である。過去の心的外傷体験の克服を重視する立場、現在の意識的体験を重視する立場、関係の変化を重視する立場など、カウンセリングを山登りにたとえるなら、問題や悩みの解消にはさまざまな登山ルートがあることになる。ここでは、三つの世界的に代表的なアプローチの紹介とその工夫、および日本で生まれた独創的アプローチを概観する。

(1)　ジークムント・フロイトの工夫

精神分析療法は、フロイト（一八五六－一九三九）が開発し発展させた心理療法である。フロイトは裕福な毛織物商の家に生まれ、ウイーン大学を卒業した精神科医であり、パリに留学後ウイーンで開業し多くの神経症患者を治療しながら、この療法の理論と技法を発展させた。晩年はイギリスに亡命しロンドンで亡くなった。精神分析療法をカウンセリングと呼ぶには、抵抗のある読者もいるとは思うが、「カウンセリングを言語などのコミュニケーションを通し、心理的問題を有する対象を支援する理論と技法」と広く考えれば精神分析療法もカウンセリングの一つとみなされよう。フロイトは当初、催眠を使って無意識的葛藤の意識化を試みた。また、前額法という治療者の手で患者の額を圧迫し、過去の外傷体験を回想させようとした。しかし、おそらくあまり上手く行かなかったのであろう。やがて彼は、患者を寝椅子に横たえ、頭に浮かぶことを自由に語らせ、治療者は枕元に坐りそれ聞くという「自由連想法」を開発した。これがフロイトの第一工夫であった。自由連想法はやってみるとかなり難しい。連想が浮かんでこなかったり、浮かんできても言葉にするのを躊躇したりする。このような自由連想のできなさは、その個人の葛藤や心的外傷体験に起因していると考えるのである。また、フロイトは夢が無意識をあらわすと考え、夢分析を行うことによって治療を深めようと考えた。このような無意識という心の働きを重視する考えは、哲学や絵画などの芸術、社会思想にも強い影響を与えた。絵画ではシュールレアリスムと呼ばれる、サルバトール・ダリやルネ・マグリットなどの画家が影響を受けたといわれている。

もう一つのフロイトの工夫は、「転移」の発見とその治療的利用である。精神分析を進めていると、患者にはさまざまな感情が湧いてくる。治療者に依存したくなったり、甘えたくなったりする場合もあるが、逆に反発したくなったり、見捨てられるような気分になったりもする。フロイト自身もある女性患者から恋愛感情を向けられ困惑した体験があった。フロイトは、当初この患者の示す極端な感情反応を治療者に対する現実のものと考えていたが、やがてそれは患者の空想的な反応であり、過去の重要な他者（母親や父親など）に向けたかった感情の反復であると考えるようになった[1]。そしてこの転移を取り扱うことにより、こころの葛藤を解決し真の治癒に至ると考えた。自分の満たされなかった感情や思いを、本来の対象ではない別の人物に向けることは、日常生活の中でも起こりうることである。満たされなかった母への思いを恋人や配偶者に向けたり、厳しかった父への反抗心を職場の上司に向けたりすることはまれではなかろう。しかしこれを転移とは呼ばない。そのような視点からは普通見ないからである。このような現象を転移と考え、それを関係性の理解と洞察への手段として発展させたのは、フロイトの功績であり工夫として評価されよう。

(2)　カール・ロジャーズの工夫

ロジャーズ（一九〇二―一九八七）は、来談者中心療法を創始した、アメリカの心理学者である。彼の自伝によれば、農場を経営する敬虔なプロテスタントの家庭で育ち、農場を継ぐためウイスコンシン大学で農学を学び卒業した。その後、牧師を志しユニオン神学校に入学したが、牧師になることへ疑問を感じ、コロンビア大学の教育学部で臨床心理学を学んだ。卒業後、ロチェスター児童虐待防止協会で一二年間心理臨床に携わり、その間の経験をもとに来談者中心療法を実践するようになった[2]。ある時、ロジャーズは、手に負えない息子を持つ、頭のいい母親との面接を行っていた。問題は母親が幼児期にその子を拒否したことにあるのは明白だったが、いくら面接を重ねても洞察に至らなかった。ロジャーズは彼女を誘導し、彼女が話した事実をならべて、そのパターンを理解させようとした。しかしどうにもならなかった。母親との面談は思わしくなく、ロジャーズは終了を提案した。彼女も同意し別れることになった。しかし、ドアの方に歩き始めた彼女は振り返り、「先生はここで大人のカウンセリングはやりませんの？」とたずねた。やりますよとロジャーズが答えると、彼女は「私、受けたいのです」と言って、椅子に座り直し、絶望的な結婚生活や失敗感や混乱した気持ちを吐露し始めた。それまで彼女が、語っていた不毛な「生活史」とは異なった、本当のセラピーが始まり、そしてカウンセリングは非常に成功した結果となった。

それまでのロジャーズのカウンセリングは、他の臨床心理の専門家と同様に、親子関係の問題点をアセスメントして、どのような点に問題があり、どのように関わるのが望ましいかをアドバイスするものであった。しかし、この伝統的な方法は、前述の母親との間では有効ではなかった。彼女は、望ましい母親としての関わり方を教わるより、問題を持つ子の母としてどう生きたのか、夫の関係でどんなに惨めな思いをしたかを、ロジャーズに理解してもらいたかったのであろう。ロジャーズの工夫は、半ば失敗体験であったこの事例を失敗に終わらせず、来談者中心療法を創案するきっかけとしたことであった。ロジャーズは、「その人を傷つけているのは何であるか、どの方向に進むべきか、何が重要な問題なのか、どんな経験が深く秘められているのか、などを知っているのはクライエント自身だという事実である」と述べている。クライエントを成長させるのは、セラピストのアドバイスではなく、無条件の肯定的理解と受容・共感的態度が、クライエントの自己理解を促進し、自己実現を可能にするというのである。この革新的発想は、伝統的専門家から多くの批判を受けたが、ロジャーズはこれまであまり公開されてこなかった面接過程を、録音機を使用し科学的に分析し、来談者中心療法の有効性を示してきた。

(3)　アーロン・ベックの工夫

ベック（一九二一-現在）はアメリカの精神科医で、認知療法の創始者の一人である。認知療法は行動療法と融合し、現在では認知行動療法と呼ばれている。ベックは、イェール大学卒業後、アメリカで当時大きな影響を与えていた精神分析療法を学び、うつ病患者に適用していた[3]。あるうつ病患者に自由連想法を行わせていたところ、その患者は怒り出してベックを非難するということが起きた。その後、その患者は言うべきでないことを言ってしまったという考えを抱き、罪悪感を持っていることが明らかになった。その考えは、自動的に表れるような特徴があったので、ベックはそれを自動思考と名付けた。ベックの工夫は、通常「うつ病にかかったので、抑うつ的気分が生じ、意欲の低下や悲観的思考になった」とするところを、その逆の可能性を考えたことであった。すなわち、人が否定的な認知やものの考え方をするので、抑うつ感情が生じ、うつ病になってしまうというのである。まさにこれまでの常識を覆す逆転の発想と言えよう。これまでの考えだと、抑うつ感情を軽減するためには抗うつ剤を使用したり、カウンセリングを行ったりしてきたが、ベックによると抑うつの本質は認知の障害であり、否定的なものの見方を変えれば、抑うつ感情は軽減することになる。

認知を変える技法の中で代表的なものは認知再構成法である。ある人が持っている自動思考を、別の考えやイメージが持てるよう、自動思考を検討し修正する方法である。この技法では、思考記録票（コラム法とも呼ばれる）を使用することが多い。次にその例を示す。

表9-1 認知再構成法の例

①気分が落ち込んだ状況	就職のための面接試験を受けたが、あがってしまい失敗した。
②その時の感情 （強さ0～100）	悲しい（90）、情けない（80）
③その時に考えたこと （自動思考）	また面接試験失敗するだろう。自分にはコミュニケーション能力がない。
④それ以外の考え方	準備不足でうまく答えられなかった。もう少し準備すれば質問に答えられたかもしれない。コミュニケーション能力がないのではなく、コミュニケーションスキルが低いのだ。
⑤感情の変化 （強さ0～100）	悲しい（40）情けない（30）

就職の面接試験の失敗を例に挙げる。就職は人生においても重要なライフイベントであり、その失敗はその後の人生に大きな影響を及ぼすだろう。当然、悲しみや情けない思い、無力感や絶望感に陥るであろう。しかし、就職試験のチャンスは一回だけではない。挽回のチャンスはあるが、「また失敗する」「自分にはコミュニケーション能力がない」という思いにとらわれていると、自信を失い抑うつ気分が強まることになる。そしてまた面接試験に失敗することになると、自分には能力がないという信念が強まり、意欲や気力が低下しうつ病の状態になる。自動思考からそれ以外の考えへの切り替えが、この悪循環から脱するキーポイントになる。セラピストの援助を受けながら、また、日常生活の中でのクライエント自身の実践を通じ、認知の再構成が可能になることが目標になる。うつ病の治療では、抗うつ剤による治療が日本では一般的ではあるが、認知行動療法との併用が改善の効果が高く、再発

が少ないといわれている。認知行動療法は、うつ病だけでなく、不安障害や強迫症、統合失調症など、さまざまな精神疾患や非行や犯罪などの問題行動、発達障害などで実践され発展している。

(4)　成瀬悟策の工夫

成瀬（一九二四-現在）は動作法の創始者である。陸軍士官学校を卒業直後、終戦となり、東京文理科大学（筑波大学の前身）の心理学科へ入学、小保内虎夫のもとで知覚心理学の研究を行っていたが、催眠に関心を持ち臨床心理学の道に進んだ。成瀬から催眠の指導を受けていた小林茂が、脳性まひの成人女性を催眠に導入したところ、体がよく動くようになったと報告した。それを聞いた九州大学に赴任していた成瀬は、早速、自分でも確かめることにした。催眠に導入すると、確かに過剰な緊張が軽減し、脳性まひの子どもたちは普段より体を動かせるようになった。この様子は、NHKの科学番組「明日をひらく」に収録され全国放映された。しかし、この方法にも限界があることが判明した。催眠から覚醒すると緊張が再び現れ、催眠中ほどは体が動かせないのである。成瀬の工夫はここから始まった。催眠による研究は半分失敗であったが、過剰な緊張を緩められれば動きやすいこと、脳の障害が必ずしも動作不自由に直結しないことなどがわかった。脳の障害が一〇〇パーセント動作不自由の原因であれば、催眠という心理的操作により、過剰緊張が低減したり、体が動かしやすくなったりすることは考えられないからである。行動療法で不安のコントロールなどで利用されていた、ジェイコブソンの漸進的弛緩法を参照しつつ、成瀬らは催眠に代わる独自のリラクセーション技法を開発した。この技法は、脳性まひの子どもたちを中心として、動作の改善を目的として実践されたため、動作訓練とか心理リハビリテイションと呼ばれていた。一九六〇年代後半から、動作訓練は養護学校を中心に導入され、動作不自由を持つ子どもたちの日常動作の改善に大きく貢献した。

一九七九年に障害児教育の義務化が図られ、それまで就学を猶予されていた重い障害を持つ子どもたちが、養護学校に入学してくるようになった。ほとんど寝たきりであり、寝返りすら困難な子どもたちもいた。また、これまで動作訓練を受けていた、過剰な緊張を持つ子どもたちでなく、低緊張で姿勢の保持が困難な子どもたちもいた。これまでのリラクセーション技法ではうまく対応できないのである。そこで、成瀬の第二の工夫が始まった。重力に対し姿勢を調整する、タテ系動作技法を開発したのである。子どもたちに坐位や膝立ち、立位などの姿勢を取らせ、その際の体の使い方を援助者と共同で学習していくのである。援助者が、子どもたちの姿勢を調整していると、わずかではあるがタテ方向にいきむような動作努力を始める。その動きを次第に拡大していくように援助すると、より確固とした姿勢を維持する緊張が発生してくる。それを成瀬は体軸と名付けた。体軸が形成されただけでは、自由な動作はできない。膝や腰、足首を曲げたり、伸ばしたり、体軸を変形させ、また戻すという動きが必要である。これができるようになると、坐位や膝立ちの姿勢がますます安定し、歩行などの移動のための動作が可能となる。

動作訓練を受けた後、障害を持つ子どもたちの表情が明るくなり、物事に積極的に取り組むようになることが多く観察された。当初は、動作が改善されたから、子どもたちが元気になったのだろうと考えていたが、動作体験そのものが能動的活動であること、身体感覚の変化やそれへの気づきが、こころを安定させる効果があることがわかってきた。また、動作を媒介しての意図の伝達や、注意の共有が子どもたちの発達を促進することが明らかとなってきた。そして、この動作を媒介とした援助技法と理論は、言語的なコミュニケーションが困難な重度な知的障害児、自閉性障害をはじめとする発達障害の子どもたちだけでなく、不登校の子どもたち、心身症やうつ、統合失調症の成人や高齢者にも適用されるようになった。この技法と理論は、現在、動作法あるいは動作療法と呼ばれている。精神分析療法をはじめとして、欧米のカウンセリングは言語を治療手段としているが、動作法は身体感覚や身体イメージを媒介としており、両者の対比は、論理的志向の西洋文化、体験的志向の東洋文化とも考えられ興味深い。フロイトやロジャーズも考えつかなかった、動作を用いた心理療法を開拓したのは、成瀬の慧眼と飽くことのない好奇心によるものと思われる。

3　カウンセリングにおける筆者のささやかな工夫

筆者の心理臨床歴は四〇年近くなる。前述の心理臨床の巨人たちのように、画期的なカウンセリングの工夫や発見はしていないが、ささやかだが身の丈に合った工夫をしてきたつもりである。筆者は学生時代、前述の成瀬悟策先生から指導を受け、動作法やイメージ療法の技法や理論を学び実践してきた。当時の九州大学には、精神分析の前田重治先生、来談者中心療法の村山正治先生がおられ、少なからず薫陶を受けた。また、学外の精神科で統合失調症患者の心理テストにも携わっていた。その後、琉球大学の保健管理センターのカウンセラーに採用され、四年間、学生相談を専任で担当した。当時は、まだカウンセリングの敷居が高く、利用する学生はあまり多くなかった。それから教育学部や法文学部で、心理学を専攻する学生の教育に携わる傍ら、ある病院の非常勤の臨床心理士として小児科に勤務した。そこの小児科には夜尿症クリニックがあり、薬物療法ではあまり効果の見られない、夜尿症の子どものプレイセラピーや行動療法を行った。夜尿症の子どもには、一ヵ月間の日付の入った小さいカードを渡し、夜尿のあった日は×、なかった日には○を、お母さんと一緒に記入してもらった。行動療法の理論では、○や×の数に応じて、ご褒美を与えることで望ましい行動を学習させることになるが、このような記録を親子でつけ始めると、ご褒美をもらう前に夜尿が改善してしまう子どもたちが、少なからずいることに驚いた。夜尿→親の叱責→自信喪失→夜尿の悪循環が、親子でのカードへの記録によって変化したと考えられる。このカードは夜尿だけでなく、起きる時間や食事の量、夫婦間での会話の回数などを記録してもらって、行動や関係の改善に役立てた。認知行動療法では、このような記録はセルフモニタリングの技法と呼ばれているのであろうが、筆者なりに行ったささやかな工夫の一つである。

夜尿症クリニックではあったが、カウンセリングの看板を掲げていると、さまざまな相談が持ち込まれてきた。子どもではチック、心因性弱視や腹痛、不登校やいじめなど、成人では夫婦関係の問題、摂食障害、強迫性障害や不安障害、外科手術後の痛みの問題まであった。そんな中で印象的であった事例を、プライバシーに配慮し一部改変して紹介する。

【事例】

Aさん、高校二年の女子。失禁するような感じがして気になり、教室やバスなど閉鎖され、自由が利かない空間や場所にいることができない。睡眠や食欲には問題はない。いじめや友人関係にも問題はない。成績は上位。特にきっかけは思い当たらないが、教室にいた時尿意が気になり、トイレに行きたいなと思ったけど我慢したことがあった。それ以来落ち着かなくなり、教室の席も通路側に変えてもらい、トイレにいつでも行けるように配慮してもらった。しかし、それでもだんだん不安が強くなり、教室に入るのが苦痛になった。それで現在休学中ということであった。落ち着いた、真面目そうな高校生であった。生育史や家族関係を聞いたが、特別問題になることはなかった。不安感を軽減させるため、自律訓練が有効ではないかと考え実施した。重感や温感は出てくるようになり、それなりのリラックス感は体験できたが、失禁に関する不安は相変わらずであった。そこで、自律訓練によるリラックス感を利用して、イメージによる脱感作（不安や刺激に慣れさせる技法）を提案して実施した。教室場面をイメージして不安感を喚起すると同時に、自律訓練によるリラックス感を生起させるのである。これもある程度はうまく行った。苦手な場面のイメージにより不安も喚起されるし、重感や温感を体験すると不安も軽減できた。しかし、バスに乗ろうとすると不安になるし、教室にも入れそうにないと言う。そこで、Aさんと相談して、バスに乗る練習をすることにした。Aさんの動機づけを高めるため、「この問題がなくなったら何がしたいの」と質問した。彼女は、「バスに乗って映画館に行きたい」「バスに乗ってハンバーガー屋さんに行きたい」と答えた。筆者は「そうなるといいいね」と言った。女性のセラピストを同伴させ、Aさんは路線バスに乗ることになった。そのあとを筆者が車で追いかけ二人を回収した。戻ってきてAさんは「バスに乗り込むときは、頭が真っ白になったが、すぐに次のバス停に着いたので何ともなかった」と語った。また、「次回はバス停、三つぐらいいけそう」とも言った。数回このような練習をしたのち、一人でバスに乗りハンバーガー屋に行くホームワークを出した。Aさんは合意して帰って行った。次回来談した時、「ハンバーガー屋さんに行けた、今度は映画を見に行く予定だ」と語った。そして、それは実行された。ほどなくカウンセリングは終結となり、Aさんにはそれ以来お会いしていない。しかし一年後、Aさんの母親から電話があり、大学入学資格検定（現在、高等学校卒業程度認定試験）に合格し、大学入学を目指していると伝えられた。その一年後、Aさんが大学に合格したとの連絡があり、それから数年後結婚したとの連絡を得た。いずれも母親からであった。筆者の取り扱えなかった心因があったのかもしれないが、心因そのものを扱わなくても問題は解決可能だし、再発もしないことを知った事例であった。クライエントの変わろうとする意欲と、問題を乗り越えようとする力を信じ支援することの重要性を学んだ。

筆者は、技法としては動作法、自律訓練、イメージ療法、行動療法などを使うし、クライエントとの治療関係は精神分析的な視点から理解し、セラピストとしての基本的態度は来談者中心療法、時にはブリーフサイコセラピー的介入も試みる。これらの技法や理論を、クライエントの年齢や問題、治療意欲や関心、知的理解力などを考慮しながら融合的に適用している。悩む能力のある青年期の大学生は、来談者中心療法的アプローチが比較的向いている。身体的訴えのあるクライエントには動作法や自律訓練が有効だ。Aさんの事例も、一見すると行動療法的に見えるだろう。しかし、筆者としては、家族システムの見方も一方では注意を払い、映画館とハンバーガー屋のホームワークは、ブリーフサイコセラピーにおける利用法の考えも参照している。筆者のささやかなもう一つの工夫は、これまで開発されて洗練されてきたカウンセリングのさまざまなアプローチを、筆者なりの味付けをしてクライエントに適用していることであろう。その際、次のことに配慮している。筆者の心理臨床における七条の憲法と言える。

①問題は、環境×他者との関係×クライエントのこころ（認知）の相互作用の中で生じる。
②問題解決の主体はクライエントであり、その変わろうとする力を応援する。
③変化しやすい問題から取り組み、必要に応じ困難な課題に移行する。
④問題が維持されているパターンを発見し、そのパターンの変化にチャレンジする。
⑤クライエント問題の再定義づけを行い、対処しやすい悩みに変換してみる。
⑥うまくいかないときは、クライエント相談し、別のルートを探してみる。
⑦以上の工夫は、クライエントとの共同作業であることを忘れない。

4　カウンセリングの効果をはかる工夫

一節で紹介したように、心理の専門家としての国家資格が、公認心理師という名称で誕生した。この資格は、カウンセリングだけを行うのではなく、心理検査を含むアセスメント、当事者および関係者への相談・支援活動、こころの健康維持に関する教育や知識の普及も業務として含んでいる。心理検査は、知能検査も含め歴史や伝統があり、手続きや分析方法が確立しているため、その有効性と信頼性は一般の知るところである。こころの健康維持に関する教育や知識の普及は、開かれた社会を対象として行うため、今後、実践報告書や情報が蓄積されて来れば、その効果はおのずと明らかになるだろう。問題となるのは、当事者や関係者に対する相談、とりわけカウンセリングの効果をどのように測定し、エビデンスとして示していくかである。「そのようなことも明らかでないの？」と読者は疑問に思うかもしれない。カウンセリングの専門誌に多くの有効事例が公表されているので、一般の人々が不思議に思うのは当然である。残念ながら、専門誌に掲載されている事例論文は、うまくいった事例が大半で、中断や失敗事例が掲載されることはまれである。また、このような事例論文は、カウンセラー（治療者）からの報告であり、援助対象者であるクライエントの評価は通常含まれていない。事例研究だけでカウンセリングの効果を評価するには限界がある。

事例研究の限界を超え、カウンセリングの効果を測定するには、治療群と対照群にクライエントをランダムに配置し、ある治療を実践した後、共通の評価尺度を用い効果を比較することである。例えば、うつ病の患者をランダムに二群に分け、片方の群にカウンセリングを実践し、片方には何も施さず、一定期間経過したのちに、抑うつ尺度でその程度を測定し、治療群の方が有意に抑うつの程度が低下していれば、そのカウンセリングは有効であるとみなされる。このような手法は、ランダム化比較試験（Randomized Controlled Trial）と呼ばれ、薬の効果や医療的治療の効果を測定するときに広く利用されている。認知行動療法は、カウンセリングの中でも介入のマニュアル化が可能で、このようなランダム化比較試験に適合しやすい。欧米では、うつ病や恐怖症などを中心として、カウンセリングの効果を実証した研究が多く見られる。しかし、精神分析療法や来談者中心療法では、カウンセラーの関わり方のマニュアル化は困難であり、同時に多くの人を対象として、ある程度標準化した介入を行うのは難しい[4]。丹野（二〇一五）によれば、アメリカ心理学会の臨床心理学部門は「エビデンスにもとづく実践的タスクフォース」と呼ばれる委員会を立ち上げ、研究により効果が高度に支持された技法五〇種と、中程度の支持の三一種を指定している。その多くが認知行動療法であり、精神分析療法や来談者中心療法はほとんど認められない。

しかし、実際は一節で紹介したように、認知行動療法だけでなく、多様なカウンセリング技法が実践されている。「抑うつ気分」や「不安感の程度」は、評価尺度により得点化し、効果の判定に利用しやすいが、「人生の生き方」の悩みや「自己存在の揺らぎ」の問題は、数量化しがたく効果測定が困難である。認知行動療法は前者の問題を扱い、精神分析療法や来談者中心療法などの伝統的カウンセリングは、後者の問題を扱っているとも考えられる。また、認知行動療法家はエビデンスの提示に熱心だが、伝統的カウンセリング学派は、エビデンスの提示にあまり関心がないせいかもしれない。とは言うものの、利用者に納得のいくサービスを提供するためには、伝統的カウンセリング学派も、カウンセリングの効果を提示する責任がある。カウンセリングのプロセスを客観的に記録し、そこでの変化を一般的に使用される質的研究方法で分析し、各事例の共通要素を取り出していくような工夫も、事例研究の効果研究として有効かもしれない。また、クライエントの特性（年齢や問題、診断名など）記載のカード、カウンセリング開始前と終結後にカウンセラーとクライエントが効果を評価する尺度を、全国的に配布して、その結果を効果研究センター（筆者が勝手に命名した仮想のセンター）に送り分析するような、大規模事例効果研究はできないのだろうか。筆者が関係している神経筋疾患の研究グループでは、全国的な患者登録システムが出来上がっており、遺伝子解析のデータや呼吸器使用の有無、生理学的データなども含め、患者の情報がデータベース化されている。人工呼吸器の導入のような、ある有効な療法が発見され全国に広まると、生存年齢がきれいなカーブで上昇する。カウンセリングの効果研究は、医学研究のようにはいかないとしても、この領域に適した効果研究の工夫をすべきであろう。日本心理臨床学会は、特別課題研究のテーマとして「臨床心理職による心理面接・心理教育・地域支援等に関する効果研究」を設定し、わが国における効果研究の発展のために研究費の助成を行っている。

5　カウンセラーという専門家を養成する工夫

心理関係の資格には、臨床心理士、臨床発達心理士、認定心理士、学校心理士、産業カウンセラーなどがある。これらの資格はいずれも、公益社団法人の資格認定協会や学会が認定するもので民間資格となる。民間資格だからといって容易に取得できるものでもない。例えば、臨床心理士は、認定を受けた大学院の修士課程を修了し、マークシートと論述の一次試験、および面接の二次試験をパスしないと取得できない。認定された修士課程では、カウンセリングや心理検査の実習科目が含まれており、単に知識を習得していれば得られる資格ではない。臨床心理士はスクールカウンセラーや犯罪被害や被災地支援などで注目され、こころの専門職としての社会的知名度をあげた。しかし、医療の中では、医師や看護師をはじめ、ほとんどの専門家が国家資格となっている。こころの専門家も、法的な根拠をもって、できることやしてはいけないことのルールが必要になった。そこで、一節でも言及した、公認心理師が誕生することになった。カウンセリングは、公認心理師法に規定された業務の一つである。法律では、「（一部略）……心理に関する相談に応じ、助言、指導、その他の援助を行うこと」となっている。

大阪大学人間科学部・大学院人間科学研究科でもカリキュラムを整備し、二〇一八年度入学者より公認心理師の受験資格取得が可能になった。カウンセラーという専門家を養成するためには、心理学関係の知識だけでなく、カウンセリングの理論を学び、ロールプレイで疑似的カウンセリング体験をし、その後、実際のクライエントを対象としてカウンセリングを実践する必要がある。大阪大学大学院人間科学研究科には、附属の心理教育相談室が設置されていて、不登校や発達の問題、対人関係の問題などで来談するクライエントが、年間一五〇人程度いる。このようなクライエントを対象として、大学院生はカウンセリングの技法やセラピストとしての態度を学ぶ。もちろん大学院生は初心者なので、教員が指導しながら、カウンセリングがうまく進むように工夫している。公認心理師や臨床心理士の資格を得たからといって、専門家としてすぐに活躍できるわけではない。運転免許証を取得したからといって、すぐにプロの運転手になれないのと同じである。上級の公認心理師や臨床心理士の指導を受けながら、就職してからも研鑽を積まなければならない。臨床心理士は更新性であり、五年に一度、どのような活動を行ったか、どのような研修を受けたかを報告し、規定のポイントをクリアできないと資格が失効してしまう。これも、臨床心理士の質の向上と維持を狙った工夫と考えられる。カウンセラーとして独り立ちできるのは、三〇歳を超えたあたりであろうか。修練の道はそう甘くはない。

6　おわりに

カウンセリングとは、さまざまな悩みを持つ人をサポートすることである。もう少し厳密に表現すれば、悩みを持つ人のこころを支援するのである。クライエントの声を聴き、その人のこころの動きを共感的に理解して、つらさや悲しみ、怒りや不安を乗り越える力が生まれるよう支援する。経済的支援はもちろんのこと、過度な同情も面接室以外での個人的関係も禁じられている。カウンセリングは、カウンセラーの感情や心を媒体として成立し、究極の対人サービス業と考えられる。したがって、ロボットや人工知能にとって代わられることはないと思われる。もしそのような事態が起きるとすれば、ロボットや人工知能が、われわれの想像を超え発展した時か、われわれの工夫が足りなくなった時だろう。

引用文献

（1）水戸淳子（一九九二）．転移・逆転移．氏原寛ら（編）『心理臨床大事典』二〇九–二一一　培風館
（2）ロジャーズ・C（一九六一）．（村山正治訳）私を語る　カーシェンバウム・Hとヘンダーソン・V・L（編）『ロジャーズ全集（上）』（二〇〇一）．七–三一　誠信書房
（3）ベック・A・T（一九七六）．（大野裕訳）『認知療法――精神療法の新しい発展（一九九〇）』岩崎学術出版社
（4）丹野義彦（二〇一五）．心理療法のガイドライン．丹野義彦ら（編）『臨床心理学』三四–三八　有斐閣

参考図書

- **佐治守夫・飯長喜一郎編（二〇一一）『ロジャーズ クライエント中心療法 新版――カウンセリングの核心を学ぶ』有斐閣**

  クライエント中心療法（来談者中心療法）のエッセンスを学べる入門書。ロジャーズの生い立ちから、クライエント中心療法の中心概念や技法まで学習することができる。

- **丸田俊彦（一九八六）『サイコセラピー練習帳――グレーテルの宝捜し』岩崎学術出版社**

  精神分析がどのように始まり、展開し、終結に至るかを理解できる良書。練習問題形式なっていて、各章をどの程度理解できたかチェックできる。高度な内容をわかりやすく解説している。

- **成瀬悟策（二〇〇一）『リラクセーション』講談社**

  動作法の創始者によるリラクセーション技法の解説書。障害児のための動作法が、心理療法としての動作法に対象を拡大したきっかけの書。図や写真が多く視覚的にも理解しやすい。

第10章　支援者は生存を肯定し、変化を促す触媒となる

村上　靖彦

はじめに

私は二〇〇三年からさまざまな医療福祉現場でフィールドワークを行ってきた。この経験を通してさまざまな場面で人助けをしている人たちに私は深い尊敬の念を抱いている。医師、看護師、心理士、保育士といったさまざまな人たちの支援の具体的な内容は必ずしも共通しない。しかしながら、逆境に置かれた人たちの存在を支え肯定し、さらに場合によっては、その人たちが変化する支えとなるという点はすべての支援者に共通している。

ところで、そもそも人間の新生児は自力では生存することができない未熟な状態で生まれる。つまり人間はその出発点において障害や病を負ったのと全く同じ条件に置かれている。言い換

えると、弱い存在であることと、誰かに依存しなくては生きていけないということ、支援を必要とするということは人間の基本性格である。誰の助けも必要とせずに生きることができる人は存在しない。弱い存在、傷ついた存在、誰かに依存した存在、これをそもそも人間の定義として採用することもできそうだ。

　これを裏返すと、誰かが傷ついた人を助けるということであり、「自律して生存できない仲間を助ける生物」として人間を定義することもできる。そして人間の弱さには未熟な状態で出産されるという生物学的な原因に由来する部分と、戦争や貧困といった社会を形成するがゆえに生じた後天的なものがあり、さまざまな姿を取る。さまざまな種類の差別や貧困といった社会的条件も、弱さと傷つきやすさを形作るであろう[3]。つまり弱さを出発点として人間の世界は考えられる[4]。弱さを他の人が支えることが人間の条件であり、かつ人間の可能性を示している。

　もちろん病や障害や社会的困難の支援についてはそれぞれの専門領域があり、議論が積み重ねられている。しかし人間科学という大きな枠から考えることで、いったんそれらの専門領域のあいだにある違いを無視してみる。すなわち「弱い存在としての人間」と「弱さを助ける存在としての人間」であるがゆえに支援というものが必要になるという、おおざっぱなくくりから出発する。弱さの中での支援という視点で見たときに、人間がどのように記述されなおすだろうか。弱さや傷を人間の条件とみなして、そのうえで回復と支援のプロセスをとおして人間というものを再定義する試みをしたい。議論の背景にある学問は哲学と倫理学だが、専門書はもちいずに看護師など支援者の生の語りから考えていきたい。

以下では、「助けることの条件1」、「支援者の姿1」、「支援者の姿2」、「助けることの条件2」という順番で議論を進める。

1　生存する力と回復する力——助けることの条件1

「助ける」ということが可能になるためには、その前提となる条件が支援を受ける当事者の側、支援者の側にもそれぞれある。当事者の側の条件というのは奇妙に聞こえるかもしれないが、まず考えてみたい。

虐待へと追い込まれた母親たちを支援するグループプログラムを私がフィールドワークしていたとき、主催者がしばしば次のようなことを語っていた。「「症状」や「虐待」といった弱さとしてラベリングされてしまう行動は、それ自体生き延びる強さであり、回復へと向かうプロセスの一部だ」というのだ。引用してみよう。

伊藤　症状そのものが回復力なんだっていう考え方が一般には少ない。で、『虐待だってそうじゃないかな』と思ったんですね。例えば〔或るお母さんが〕「ずっと引きこもってきました」っておっしゃったとして、「引きこもり」っていったら何かこう、病的な治さないといけない、排除しないといけない悪いものっていうふうに決められるし。症状の出方によって〔うつ病であるとかアルコール依存症であるとか〕類型化されて、「何々タイプにはこんなアプローチ」とかって外側から当てはめられて、病んだ人ってすごくこう、客体視されるんですけど。

その引きこもってる中で自分で自分を守ってきたりとか、「深く考え過ぎ」って言われても、その深く考える中で洞察力を生んできたりとか、痛めつけられて共感能力が磨かれるとか。その人がやってきたことそのものを、まだ本人も気が付いてない。

なにか精神疾患を患っているがゆえに生活保護を受けて「引きこもったまま」子どもをネグレクトしてしまった母親がいたとする。彼女はしかし困難な状況を生き抜いているシングルマザーでもある。この引きこもりは治すべき症状ではなく、洞察力や共感能力を示しているのだという。伊藤悠子さんは、大阪市西成区で虐待へと追い込まれた母親たちを支援するグループワークを主催している。そこに参加する母親の多くは、自分自身もまた幼少期に深刻な暴力を受けており、かついま現在も困難な貧困や暴力といった生活環境の中にある人たちであった。彼らは生き延びるために大変な格闘を日々続けており、子どもへの暴言暴力も、〔暴力は許されるものではないが、同時に〕生存をかけた生活環境・労働環境の反映である。グループワークは環境を整え、自分自身の過去や感情に気づき言葉を与えてグループで共有するというプロセスを経る中で、虐待という母親が受けてきた傷に由来する無秩序な「行動化 acting out」は「生存する力」「行動する力」へと変化していく。

一見すると弱さに見えるかもしれない心身の症状もまた、生きていく力の表現である。「誰とも何とも出会ってない」ときには力が発現していない。支援を受けてうまく流れを整えることができさえすれば、はじめは症状や欠陥に見えていたものがサバイバルしていく力へと変化し、さらには他の人へと共感し助けようとする力になっていく。逆に言うと生き残る力をもともと持っているからこそ、支援することができるのだとも言える。

別の例を挙げてみたい。生死の境にある重病・重症の患者が運び込まれてくる集中治療室の看護師である宇都宮明美さんも同じような「弱いけれども強い」というテーマを私に語った。多数の死者が出たある災害の重傷患者をケアした記憶を語った場面である。

宇都宮　人はもうめちゃめちゃ、あるときは弱くなるんだけれども、適切なケアとか距離をもって支援する家族とか、友人とかが周りにいれば、人はやっぱり強くなるんだなというのを、教えられた気がしたんですよね。なので、私が今までの経験だけで、『あ、この人もう駄目だね』とか、『この人セルフケアできないね』とか、そういうのは思うんじゃなく、可能性は捨てちゃいけないというか、『人はやっぱり変われるし、人は強くなるんだな』というふうに思いましたね。〔……〕
なので、弱いんだけど、強いんですよ、人ってね。なので、その弱いんだけど強いってことを思い知らされて。で、急性期のときは本当に皆さん弱いんですよね。なので、その弱いときを弱いまま、もうあからさまに見せてもらってもいいし、それをやっぱり私たちが受け止める側なんだろうし。じっくり弱まってもらって、次へのパワーを充電してもらえるくらい、やっぱりこっち側が受け止めないといけないかなとは思ってます。それが私の中ではすごく大きな原点ですね。あれはすごくそう思います。〔……〕

人は弱いっていうかね、いや、弱いんだけど、実は強いと、いうところと、まあ、そのためには適正な距離を持った、距離がある支援者がいればこそ、強くなれるっていうのが、すごくよくわかる。

宇都宮さんは「〔人は〕弱いんだけど、実は強い」と何度も強調した。そして患者が一度「じっくり弱まって」「パワーを充電」することで初めて再び強くなることができると語っている。本論の冒頭で「弱い存在」として人間を定義した。しかしそのような「弱い存在」は生き抜く力を持った強い存在でもあるというのだ。そしてこの弱さから強さへの反転を可能にするのが「適正な距離を持った〔……〕支援者」なのだ。ここでも人間は弱さと強さを持つ存在であり、他の人による助けをその本質に組み込んでいる存在であるということが話題となっている。そしてそこに立ち会う支援者の役割もまた明らかにされている。

支援を可能にする患者自身の力を発見したときに、宇都宮さんは「教えられた」と語る。私は今まで何度か、支援者たちが助けたはずの人から「教えられた」「学んだ」と語るのを聞いた。病者や障害者本人しか逆境を生き抜いた経験を持たない以上、支援者は教えられる人でもある。とりわけ逆境にもかかわらず患者が力を発揮していくのを目の当たりにするとき、支援者は「教えられた」と語るのかもしれない。当事者に「教えられた」と感じられるときにこそ、支援が成功しているのだとも言える。

精神的な傷であっても身体的な傷であっても、人間はそこから回復する力をもつ。このことは、「助ける」ということを考えるための第一の条件となる。というのは生存する力と回復する力がその人の中にない限り、助けることもできないからだ。最初の引用で伊藤さんが支援している虐待へと追い込まれた母親たち（くりかえすが彼らもまた逆境のサバイバーであり深い傷を追っている）、次の引用で宇都宮さんが支えている生死の境をさまよう重症の患者たち、彼らが生存し続けることができるのは誰かがそばにいるからである。本人たちの中に生存と回復へ向けての力があるとしても、実際に生存し続けて回復していくためには誰かによる支えが必要なのである。

2　存在を肯定し、支える――支援者の姿1

支援者は誰かを支える。私自身には「助ける」という言葉よりも「支える」という言葉のほうがしっくりくる。というのは、「助ける」という言葉には、「無力な人に対して強い人がなにかしてあげる」というニュアンスを感じるのに対し、「支える」という言葉は、「困難な状況にあるその人自身が自らの力で生き延びて変化していくそのプロセスに、同じように弱さを持った支援者が立ちあう」というニュアンスを感じるからである。逆境にある人にそもそも力があり、支援者とはその力を引き出す人だ、というのが私が出会ってきた支援者たちに共通する感覚だ。そして支えることのなかにはおおざっぱに言うと二つの側面がある。存在・生存を支えることと、そして回復・変化する動きを支えることである。

まず存在や生存を支える場面について見てみよう。支援者が患者を支える場面においては、安楽や快適さを確保することがとても重要になる。そしてそもそも支援者の見守りが生存そのものと直結する場面もある。例えば全身の筋肉が衰えて、人工呼吸器を使うため、発話ができなくなるだけでなく、身振りでメッセージを出すことも難しくなるALS（筋萎縮性側索硬化症）という神経難病がある。ちょっとした呼吸器の不具合が命にかかわるため、ALS患者を支援するヘルパーは長時間患者のそばで見守り続けることになる。

Eさん　〔一時間しか滞在できない訪問看護師とは異なり、ヘルパーは〕長時間滞在ができるっていう。そうじゃないと多分、そのやっぱり呼吸器の方って、ま、ポンと外れて、例えば五分ほっといたらもう死んでしまいますよね。なので、何かあったらすぐ対応できるっていうのが必要なので、例えば一般的にいう「何時間たったら休憩みたいなの取る」とかっていうそういう次元の話じゃないんですよね。例えばご飯食べてても〔……〕来て、見て『大丈夫かな?』みたいな感じでこうやってるっていう、まあ、本当に見守ってる。常に見守っている。〔……〕自分がご飯食べてても、「ゴゴ」って痰が上がってくる音がしたら、「行ってきます」って言ってこう、行ってケアをするということも必要なので。だから、そうですね、本当に長時間入って、きちんと常時見守ってるという感じですかね。

支援者はまずもって人が生存し続けることを支える。呼吸器のトラブルが死に直結するALSのケアは極端な事例であるが、新生児の養育を考えてもわかる通り、誰かが生存を支えるということは人間の出発点にある普遍的な条件である。それゆえ支援職はこのように人間の本質に関わる。

あるいは心理的な支援の場合は、身体疾患の場合とは少し違った仕方で存在を支えることになる。例えば「お前なんか産まなければよかった」と言われ続けて育った人は、存在することをそもそも否定されているのであり、彼(女)の存在を支えるということは、否定された存在を肯定へと反転させることである。見守り続けることで「あなたは大切な人なのだから、生き続けてほしい」と存在を肯定すること、そしてその人の人生の苦境や傷を丁寧に聴き取ってそれをそのまま受け止めること、このようなことはトラウマを抱えた人を支える支援者の誰もが行うことである。

高校の養護教諭として保健室で多くの虐待を受けた生徒たちと接してきたKさんは次のように語った。授業に出られなくなった人だけでなく、明るくふるまっている生徒の多くが摂食障害やリストカットに悩んでいる。しばしばその背景には生きづらさ、とりわけ親子関係の困難がある。

Kさん　うん。感情出てこないし、感じない。感じないし、気持ちもわからないっていう子が多いので、そこをやっぱり焦点を当てて、その感情がわかっていないのであれば、「こういう気持ちだったんだね」、とか実感したときに気持ちを言うようなことを言葉掛けをしたりとか。怒りを出しちゃいけないと思って、ずっとためていくとお腹が痛くなったりっていうことがあるので、「そのときはやっぱり悲しかったたし、痛かったってわかってほしくって痛くなった」って、とか。

そういうところで気持ちが出るとお腹もよくなったりとかっていうことも、よくあることなので、そういう言葉につなげるとか。感情〔の〕言葉につなげるとかっていうことにも、そういうことの関わりを日々やっていくっていうことが大事かなっていうふうに。うん。だからよりちっちゃいときに、「あ、痛かったね」とか「怖かったね」とか「悲しかったね」とかっていう、関わりが必要なんだ。そこが全然、何もされないまま大きくなってきているっていうところ。やっぱ高校生でも、そういう関わりをしてあげるっていうことが本当、その子にとっての、よりよく生きるっていうことにはつながる。

「存在を支える」ということはなにか抽象的なことではない。お腹が痛いという高校生の痛みを肯定し、その痛みに対して「存在してもよい」という承認が与えられる。そのとき痛みの背後には、高校生が感じていた怒りや悲しさといった感情と、現在の悲しさとリンクした小さいころの傷つきが隠れていたことが明らかになる。養護教諭のKさんは、相談に訪れた高校生自身も気づいていなかった感情を、照らし出し肯定する。こうすることで生徒が小さいころから抱えてきた悲しみや怒りは初めて存在することを許される。つまり体の痛みや悲しさといった感情は、それを肯定する人の支えによって初めて存在を確認される。イギリスの小児科医であるウィニコットが赤ちゃんの養育の観察から見出したように、心と体が存在することそのものが、他の人による支えによって可能になるのだ[5]。

傷ついた経験を聴き取り、そのときの感情を肯定していく作業が、ここでは高校生の存在そのものを肯定していく作業になっている。

3　変化を肯定し、支える——支援者の姿2

さて、存在を肯定することの次に、傷ついた人が変化していくことを支えることが支援の大事な要素となる。訪問看護師Fさんは、重度の障害児の子育てをおろそかにしていた母親が変化する場面を私に語った。

Fさん　例えばあの……そうですね……〔お母さんは〕その子を受け入れて、その子の人生を背負っていかなきゃいけないんですよ。〔……〕まずそのお母さんたちは、自分がこんなふうに産んでしまった……うん……「私が悪いのね」っていう自責の念に陥るんだけど。それがいろいろ看護師がかかわり、「そんなことはないのよ」って。「この病気はこうなって、誰でも起きる、何ていうの、アクシデント、まあ神様のいたずら的なところがあるんじゃない?」って。〔……〕「お母さんはどうしたいの?」って話しているうちに、〔母親の〕表情が変わってって、「いや、私はやっぱり親だからこの子を看たいの」っていうふうに変わっていく。うまく説明できないですけど、その変わっていくさまが、こっちに空気の圧みたいに「わっ」と掛かってくるときがあるんですよ。

冒頭で回復する力を誰もがもっているということを確認した。この回復のプロセスにおいて支援者の役割は、回復に伴走するということだ。支援者は、逆境にある人が変化していくプロセスの触媒となる。「お母さんはどうしたいの?」と問いかけていることからわかる通り、ここでの変化は「願い」を持つことに関わっている。ここでの願いは母子の未来に関わるが、「将来の夢」というような絵に描いた餅ではない。そうではなく、子どもと暮らしたときに自分が一番自分らしくあれるか、自分が納得できるか、そのポイントを実現する、という具体的な希望である[1]。

そして重度の障害を持つ子どもを生活保護を受けながらシングルマザーとして育てるという過酷な条件を引き受けて生きていくことにもこの変化は関わっている。当事者の変化を支援者が支えることは、当事者の「願い」を聴き取って叶えること、当事者が向き合っている過酷な運命や状況のなかで生存することにたちあって支えること、という少なくとも二つの大きな方向性を持つ[2]。

とはいえ、支援者が立ち会う変化は回復だけではない。回復することがない患者や、衰弱して亡くなる患者を支えることは療者の大事な仕事である。看護師のCさんはがん患者の終末期について次のように私に語った。

Cさん　死っていう以前に体力的に落ちて、体力の低下があって必ずその道をたどられるんですけど、患者さんは。体力が低下して、ほんとに普通に元気に過ごしていらっしゃった方〔が〕、どんな方でも、衰弱が進んでくると、できてたことが、ちょっとずつできなくなっていくんですね。……で、ううん、なんかあの、お部屋から出て、自動販売機にこういうペットボトルのお茶を買いに行くのが日課だった患者さんがおられるんですけども、その方が、「今日はペットボトルがすごく重く感じた。」って言われるんですね。で、重く感じたっていうのが初めてのその人の衰弱の体験。で、とうとう、「これをおっことしてしまうくらいになった」ていう毎日毎日その報告なんですよ。

で、行って普通に買ってくるものが、〔手に持ったペットボトルを筆者に見せながら〕この重みがでてきて、足の重みもあるんだけど、この重みがまず勝ってる。で、だんだん自分で買いに行くことができなくなるっていうような、その、毎日毎日それをお話ししてくださるんですね。なので、〔……〕そういうお話をし始めた方っていうのは、必ずお話ししたい方なんですよ。はい。じっくりじっくり聴いていくと〔……〕ほんとに毎日少しずつできなくなるっていうご経験をしていくなかで、どんどんどんどん死っていうのが近づいてくる、自分に。……だからその怖さがあるんですね。自分のことが出来なくなるっていう怖さもあるんですけど、それと同時に死もどんどん近づいてくるっていう怖さがあって、自分自身ができることはだんだん奪われていくって、奪われていくっていうお話をしながら、死についてのお話をされる方が多い……ですね。

死を間近にした患者は衰えていく。しかしこの衰えそのものが、看護師へ向けて語られたときに、それはケア（助けること）になる。というのは多くの患者が衰えや死へと向かう不安について語りを誰かとシェアしたいと感じているからである。衰えそのものだけでなく、それにともなう孤独も耐え難いのだろう。衰えを支える場面に続いて「最期の日々をどのように過ごしたいのか」というような意思決定の場面が話題になることが多い。衰えを語り合うなかで、願いを聞き届けていくことは、亡くなる人がその人らしさを保ちながら人生を集結させる大事な要素である。このとき衰えという変化に伴走し続けることは、「変化に立ち会う支え」であると同時に、第二節で論じた「存在を支えること」でもあろう。

4　コミュニケーションへの意志と弱さへの眼差し――助けることの条件2

(1)　コミュニケーションへの意志

第一節で、支援は当事者自身がもつ力を前提とし、それを少し後押しするものであることを見た。その上で成立する「当事者の存在と変化を支える」という支援者の営みを第二、三節で見てきた。最後に、このような支援が成り立つためのもう一つの重要な条件として、「どんなに困難であってもコミュニケーションを取ろうとする」という支援者の側の努力を挙げたい。つながりを作ることこそが、支えることを可能にする。

例えば重度のALS患者は筋肉が衰えるため、声をだすことも身振りをすることもできない。患者をケアするヘルパーは、かろうじて動くまぶたの動きをアクリルに五〇音を書いた透明な文字盤越しに読み取ることでコミュニケーションを取る。

村上　大事ですよね、やりたいことを実現してあげる。

Eさん　してあげることと人の命をつなげれるということですね。うん。

村上　その二つが大きなこと。

Eさん　と、あと一つはやっぱりコミュニケーション、そこにもつながるとは思うんですけれども、やっぱり言いたいことをこっちが読み取って、本当に字面どおりのことであれば、それはそれで全然いいんですけれども、真意を読み取って、「ってことですよね」って言って、「そうだよ」って、パチパチとか笑顔とか帰ってくると、やっぱりそれも一つのやりがいといいますか。

これは特に本当に〔筋力が〕落ちてきている方には特に感じるんですけれども、例えば三時間とか四時間、立ちっぱなしでずーっとその方の言いたいことを読んでいると、なんか『何やってるんだろう?』って正直。しかもこっちで取ってるはずの文字が全然単語が意味をなさないような、こう文字が、読み取っていくと、『何やってんだろうな?』って、もう、『私は本当に何やってんだろう?』っていうふうに自分の無力感とかにすごいがっかりするんですけども、意味のある単語が読み取れたときに、『ああ、よかった』っていうふうに。はい。言いたいことを、が、読み取ってあげられたっていうのがすごくうれしいんですね。

この場面はかっこでくくられた会話がたくさん登場するが、患者は発話できないので実際に音になっているのはEさんの「ってことですよね」だけである。ほとんどはEさんの心のなかの言葉であり、「そうだよ」という患者の言葉は、「パチパチ」という瞬きから翻訳された「発話」である。つまり音響そのものは静かななかでの会話のにぎやかさである。会話が極めて困難になったときに、はかないしかたで成立したコミュニケーションであり、このコミュニケーションが成立していることこそが患者を孤独から救い出す支援となっている。

そしてこの「読み取り」は、「文字が、読み取っていく」と、奇妙な文法で語られている。二度目にも「言いたいことを、が、読み取ってあげられた」と正しい文法で言いかけたのに、奇妙なことにあえて間違った文法へと言い換えられている。この言い間違いのなかには、「文字を読み取る」と「文字が読み取られる」という二つのニュアンスがここでは折り重なっているのだ。読み取りは、Ｅさんの能動的な努力の成果であるとともに、患者の努力とも合わさって自ずと立ち上がったものでもあるからだろう。コミュニケーションを取ろうとする努力は、このようにして患者と支援者をつなぐ場を生み出すのだ。

コミュニケーションは極めて困難であるが可能性がゼロではないだけに「ここで投げたらあかん」という倫理が生じる。しかも「ここで投げたらあかん」というのは、読み取りが不可能になりつつあるその瞬間に際立つ要請でもある。逆に言うとこのような「コミュニケーションをつながないといけない」という要請は、生とコミュニケーションをつなぐことこそが支援の条件になっていることを示している。コミュニケーションがうまくいくかどうかはわからないとしても、コミュニケーションをとろうと努力し続けることが、話すことができない人を支えるケアとなる。

Eさん〔患者のまぶたの動きが〕読めなくても、『読めないからもう読みたくない』ってやっぱ思う自分が居るんですけど、でも、って言ったら、もうそこでおしまいだなと思うし。もう、字面がわかんなくても、「とにかくあなたが言いたいことを読みますよ」っていうふうに、こっちの態度そういうふうに利用者さんに、寄り添わせるっていうか。しんどいですけどね、ウフフ。それもう大事かなっていう、はい。

「とにかくあなたが言いたいことを読みますよ」という言葉から、読み取ることができたという結果よりも読み取ろうとする意志が大事であることがわかる。成功する保証がどこにもない場面でも何時間かかろうともメッセージを読み取ろうとする意志こそが、患者の存在を支えているということは明らかであろう。もしもこのような支援者がいなかったとしたらＡＬＳ患者は明晰な意識を持つにもかかわらず、意思を持たない身体として放置されることになる。

(2)　ものさしを外す

コミュニケーションをとる努力するということは物理的に会話を成り立たせるということだけではない。もう一つの要素は、先入観を捨ててコミュニケーションをとるということである。先入観があると相手が本当のところは何を考えているのかわからないのはいうまでもない。もう一つの問題は、支援者と当事者のあいだにヒエラルキーができてしまうときにもまた真の対話が成立しにくい（そして日本社会では、とりわけ医師が「えらい」と思われがちであるため、意識してヒエラルキーをこわす努力が必要である。）。

私がお願いしたインタビューでも何人もの支援者が、先入観を捨てることあるいは偏見を捨てることの重要性を語った。次に先ほどのFさんがごみ屋敷に住んでいる精神障害を持つ人を訪問するときについて語った場面を引用する。

Fさん　そこ〔精神科の訪問看護〕で学んだのは絶対に先入観でものを見ないっていうとこですね。この人を人となりで、『あ、こんなふうな格好してるから、きっとこういう人ね』って想像しますよね。それが邪魔くさいんですよ。そんなもん何もなくしちゃえば、見えてくるものはたくさんあると思います。

このあとFさんは、孤独な患者のプライベートを尊重しながらも、部屋に入って患者とつながっていく営みについて語った。先入観を捨てて患者に臨むことは支援を始めるための条件となるのである。

同じことは子ども支援の現場でも語られた。次の引用は地域でのこども支援に熱心に取り組んでいる西成わかくさ保育園の保育士西野伸一さんの語りである。児童館の子どもたちと遊んでいる公園にブルーテントを貼って住んでいる路上生活の「おっちゃん」たちがいた。はじめは子どももおっちゃんを敬遠していたのだが、西野さんが毎日「おっちゃん」たちに挨拶をし始めたところ、子どもの様子も変わってきたという場面である。

西野　おっちゃんの名前もわかってくるし、〔……〕ちょっとずつ関係性に変化が現れて。おっちゃんたちが飼っていた犬がずっと野放しの状態やったのが、子どもたちが来たときのみは、くくってくれるようになったりとか。お互いがお互いの存在をちょっと尊重するような関係性みたいなことが見え始めたんですね。

で、最終的にはおっちゃん対子どもの野球大会みたいなことができるようになっていったので、すごく面白くて。そうしたら、今まで、何ていうかな、偏見とか、差別みたいな気持ちが、僕の中にも多分あったと思うんですけども、子どもたちの中にもあった気持ちが、〔おっちゃんたちと〕出会うことによって、随分変わってきたなっていうのを、強く印象に持ったんですね。

「偏見」「差別」を克服して、路上生活の「おっちゃんたち」と「出会う」ことで、西野さんも子どもたちも、そしておっちゃんたちも変化していく。偏見をなくしたコミュニケーションが可能になったとき、そこにいる人たちは皆自ずと変化しているのである。「ものさし」を外すことは、弱い人の立場から世界を見ることなのだと西野さんの語りは教えてくれる。ここで西野さんは、一人ひとりの子どもとそして地域全体の変化を生み出す触媒となっている。

最後に引用するのは、西野さんが働くわかくさ保育園から歩いて一五分ほどの場所でにしなり☆こども食堂を開いている川辺康子さんの語りである。

川辺　私この食堂やりながらね、子どもたちもそうですけど、「あの親はもうとんでもない親や」と〔虐待をしていると〕言われてるお母さんたちからね、いろんなこと教えてもらってるっていうのがね、ほんまのところで。子どもたちに私が関わる中でいろんなことを教えてもらってるんかなっていうのはあります。

村上　どんなこと？

川辺　どんなこと、まあ例えば、自分が当たり前に常識やと思ってる、自分の中のまあ、人を見るものさしのようなね、そういうのんで、人を知らない間にこう測ってる。世間一般の常識で、その子を測るというか、そういうことを自分のなかでしていたんやなあっていうのが。

支援者の側が「人を見るものさし」を外したときに初めて見えてくるものがある。世間では虐待をしていると言われている母親の力そして問題行動をくり返すと言われている子どもがもっている力が見えてくる。すなわち、逆境を生き延びる力、人とつながる力、変化していく力、他の人を気遣う力、が明らかになる。これらの力を発揮する力を促す支援は、「人を見るものさし」を外してみたときに初めて可能になるというのだ。それゆえにものさしを外すことは、変化の触媒としての支援者が生まれるための条件なのである。
そしてこのような変化が母親や子どもに起きたときに、川辺さんは「教えてもらってる」と何度か語った。宇都宮さんがそうであったように、助けたはずの誰かが自らの力で生き続け変化していくとき、支援者はむしろ「教えられる」のである。患者の力を信じるだけでなく、先入観をなくし弱い立場にいる人の位置から世界を見ること、コミュニケーションを取る努力をすること、これらもまた支援の条件となるのだ。そしてそのときに初めて、誰かの生存を支え、変化を支えるということが可能になる。このような仕方で、私が出会ってきた支援者たちは例外なく生存を支える黒子であり変化の触媒であった。

引用文献

（1）増川ねてる、藤田茂治（編著）（二〇一六）．『ＷＲＡＰを始める！　精神科看護師とのＷＲＡＰ入門　リカバリーのキーコンセウトと元気に役立つ道具箱編』精神看護出版
（2）村上靖彦（二〇一八）．『在宅無限大』、医学書院
（3）Turner, B.（2006）. Vulnerability and Human Rights. Pennsylvania: Penn State University Press.
（4）浦河べてるの家（二〇〇五）．『べてるの家の「当事者研究」』医学書院

（5） Winnicott., D.W.（1971）. Playing and Reality. London: Routledge. D・W・ウィニコット（二〇一六）.（橋本雅雄訳）『遊ぶことと現実』（改訳版）岩崎学術出版社

参考図書

・西村ユミ（二〇一八）『語りかける身体』講談社学術文庫

植物状態（遷延性意識障害）の患者をケアする看護師が医学上は取れないはずのコミュニケーションを患者と撮っていく姿を丁寧にフィールドワークする。

・上間陽子（二〇一七）『裸足で逃げる』太田出版

沖縄で性風俗で生計を立てながら必死に生き抜いていく少女たちに寄り添い続ける研究者による記録。実はこのような貧困の姿は他人事ではなく、大阪でも日常的に広がっている。

・D・W・ウィニコット（二〇一五）『遊ぶことと現実』岩崎学術出版

乳幼児にとってのケアの意味、子どもにとっての遊びと想像力がはたす役割についての繊細で天才的な洞察。

第11章　災害ボランティアが重ねてきた工夫

渥美　公秀

災害に苦しむ人々を助けたいと願うのは自然だろう。しかし、どのように助けるのか。とにかく目の前の人から助ける、そう応えることは簡単かもしれない。ところが、いざ災害が発生するとそう簡単にはいかないことに気づく。

災害時に助け合えるような社会を作りたいものである。そう考えるのも自然なことだと思う。しかし、どのようにすれば助け合う社会に近づけるのか。人々が、互いに助け合う気持ちを持てばいい、そう応えることはいかにも正しい。しかし、そんなことは皆わかっているはずだ。

一九九五年に阪神・淡路大震災が発生し、全国からボランティアが駆けつけて救援にあたった。その姿は、その後の社会を変えるかもしれないという期待とともに注目され、「ボランティア元年」という言葉も生まれた。あれから二四年が経過した。二〇〇四年中越地震、二〇一一年東日本大震災、二〇一六年熊本地震、そして、今年二〇一八年は、大阪北部地震、西日本豪雨災害、度重なる台風の被害、そして、北海道胆振東部地震と災害が頻発している。目の前の人から助けられただろうか。助け合う社会に近づけただろうか。筆者は、研究者として、また、災害NPOの一員として災害現場に駆けつけることが多い。でもやはり今も「どのように助けるのか」、「どのようにすれば助け合う社会に近づけるのか」と同じ問いに直面している。

災害ボランティアは、さまざまな工夫を凝らしながら、こうした問いに向き合ってきた。本章では、まず、災害ボランティアが重ねてきた工夫を現場の事例とともに紹介する。その後、一旦現場を離れて理論的な考察を加えてみよう。その上で、災害ボランティアが重ねてきた工夫の意義や展望を考えてみたい。

1　「どのように助けるのか」――災害救援のジレンマ

災害ボランティアは、災害が発生すれば被災地に駆けつけて救援活動を展開する。新聞やテレビには現地で活動するボランティアの姿が採り上げられ、多くの人々の注目するところとなる。ただ、災害ボランティア側に立ってみると、実は、被災地に駆けつける前に決断しなければならない事柄がいくつもある。まずは、どこに行くかという問いがある。メディアでは、特定の被災地に注目が集まる。しかし、その周辺でたくさんの方々が被災されている場合が多い。どこに行くかはそう簡単に応じられる問いではない。次に、誰を助けるのかという問いに直面する。もちろん、被災者を助けるのだけれど、被災者の数は多く、支援の対象を特定することは難しい。結局、災害ボランティアは、見ず知らずの場所で、見ず知らずの人々を、とにもかくにも救援をすることから活動を始める。こうした状況の中で、災害ボランティアはどのような工夫を編み出してきたのだろうか?

(1) 災害ボランティアセンターという工夫

災害ボランティアセンターを立ち上げて、災害ボランティア活動を行おうとする人々と、被災して助けを求める被災者のニーズをマッチングさせるという工夫がなされてきた。ここでは、災害ボランティアセンターの事例をその問題点とともに紹介しよう。

事例一　二〇一六年熊本地震の被災地にて

被災地となったA町では、現地社会福祉協議会が中心となって災害ボランティアセンターが開設された。朝早くから、大勢の災害ボランティア活動希望者が、受付を待って列をなす(図11-1)。災害ボランティアセンターでは、前日までに受け付けたニーズ票から、ボランティア活動の内容と場所、そして人数が集計されている。ニーズのほとんどは、壊れた家のいわゆるがれ

図11-1　災害ボランティアセンターに並んで受付を待つ人々
（熊本県A町にて、筆者撮影）

きの撤去を手伝うという内容。受付が始まると、ボランティア保険への加入の有無、初めての参加かどうか、車の運転が可能かどうかといった基準でスムーズに進んでいく。ニーズが読み上げられ、必要とされる人数が集まると、小グループとなって別の場所に移り、スタッフから詳しい説明を聞き、リーダーを決め、資材をもって、移動する。災害ボランティア活動に初めて参加する人や、個人で参加する人、あるいは、会社からバス数台で駆けつけたといった場合などには、わかりやすいシステムであるし、効率的なニーズ対応も可能である。

突然、「本日のボランティア受付は終了しました」との声が響き、受付終了の看板が出される。見ると、まだ長い列が残っている。並んでいた災害ボランティアは、当惑した表情を浮かべながら、帰って行く。熊本ナンバーの車もあれば、遠く近畿や四国のナンバーもある。被災者のニーズが完全に満たされたのであれば、災害ボランティアは不要なのかもしれない。帰ることになるのも無理はない。しかし、被災者のニーズが満たされるという現状にあるとはとうてい思えないなか、渋々帰って行くボランティア活動希望者がいることに違和感は払拭できない。

そんな思いを持って、災害ボランティアセンターを離れ、街を歩いてみる。断水で遠くの給水車や井戸まで行かなければならない高齢者の姿がある。家の片付けをしながら、放心したように汗をぬぐう姿がある。収穫期を迎えた作物を前に呆然としている農家の方もあれば、農機具が震災で壊れたので作業をあきらめようかと話す声も聞こえる。熊本地震は、余震の規模と頻度が特異であったことが避難生活を困難にしてきたから、避難所にも行ってみる。車での生活は、エコノミー症候群のリスクが高まることは知っていても、余震が怖くて壊れかけた自宅に戻るには不安が大きすぎるとの声を聴く。本震の大きさに驚いて、ペットとともに避難してきたが、他の被災者から注がれる視線を気にして落ち着けない方もいる。実に多様なニーズが大量に残されている。確かに、こうしたニーズは、災害ボランティアセンターから配布されたニーズ票に書くのは適切ではないのかもしれない。しかし、それならニーズ票でニーズを探るという方法を変えればよい。そもそも、ニーズ票という方法では、障害者はどうするのか、子どもはどうするのか…それにしてもなぜ、災害ボランティアセンターは、このような多様な声に耳を傾けることができないのか。奇妙な風景に驚きが隠せない。

もちろん、災害ボランティアセンターで受付が終了したと宣言されたからといって、活動希望者も帰る必要はない。自ら被災地を歩いて、さまざまなニーズを探し、対応していけば、被災者は少しでも助かるからである。確かに、初めて被災地を訪れた活動希望者や個人で訪れた活動希望者にとって、街を歩いてニーズを探すのは敷居が高いと感じるのは自然なことかもしれない。実際、中高生の息子がどうしても活動に参加したいということで、ご両親も一緒に現地に駆けつけた場面にも出会った。ただ、街を歩くだけで実に多様なニーズがある時期に、災害ボランティアセンターで受け付けてもらえなかったら帰るというのも不思議な光景ではある。

急いで付け加えるなら、災害ボランティアセンターを運営している人々の中には、地元の社会福祉協議会の職員も多数含まれている。地元の人々、つまり、被災者である。実際、A町では、車で避難生活をしながら、運営に携わる職員や、壊れかけた家に子どもを置いて出勤する職員もおられた。地元の社会福祉協議会の職員であるので、平常時から支援を必要としている人々をよく知っておられる。地元の社会福祉協議会の職員は、今こそ地域で必要とされる人材である。ところが、災害ボランティアセンターの運営に注力せざるを得ない状況が作られ、全国からの災害ボランティアをコーディネートしておられる。ここには災害ボランティアセンターという仕組みの限界が露呈している。

(2)　個別支援という工夫

災害ボランティアセンターの設置という工夫がなされてからも、災害ボランティアセンターを介さずに活動する災害ボランティアも多い。例えば、避難所となった体育館に駆けつけて足湯をする学生グループ。一時避難所となった公民館で救援物資の整理をする近隣の女性グループ。また、災害NPOの中にも個々の被災者への直接支援に取り組む団体はいくつか見られる。被災地を訪れて、たまたま出会った人達と対話をし、一緒になって何が必要か（ニーズ）を探り当てて、それに対応する。一人一人と深く関わるから寄り添いボランティアと呼ばれたりもする。細々とではあるが、偶然の出会いを大切にしながら少数の被災者と深く関わる活動である。しかし、いわゆる「効率」は悪い。

事例二　二〇一八年西日本豪雨災害の被災地にて

被災地となったB市は、街の中心部が二階まで浸水し、多くの死者が出たことから、メディアに大きく採り上げられた。筆者が理事長を務める災害NPO「日本災害救援ボランティアネットワーク」では、協定を結んでいる人間科学研究科と連携しながら活動しているが、その際、二つの工夫を凝らした。まず一つは、前節で紹介した災害ボランティアセンターを介した活動を展開するのと並行して、個別支援を行うこととした。具体的には、災害NPOが連携している西宮市・西宮市社会福祉協議会とともに、ボランティアバスを仕立てて、人間科学研究科の学生を含む多くのボランティアを現地に送り、泥かきなどの活動に従事するが、これと並行して、筆者の自家用車やレンタカーを駆使して、少人数のグループを結成し、現地でたまたま出会った被災者を個別に支援することにした。実際、車を駐車して街を歩くとすぐに出会いがあった。Xさんの家では、さまざまな事情を抱えて、二階まで浸水した家の後片付けに追われていた。Xさんを手伝いながら、台所から食器棚や冷蔵庫を運び出し、濡れた写真を撮りだして洗浄・乾燥する手配を整え、畳を出し、床を洗い、床板を剥いで乾燥させていく。何日もかかる話である。通い続けた。ある日、Xさんから避難所で知り合った方の家をお願いしたいと連絡が入り、そこにも駆けつけた。その家の近所でも老夫婦が作業をされていたので手伝った。

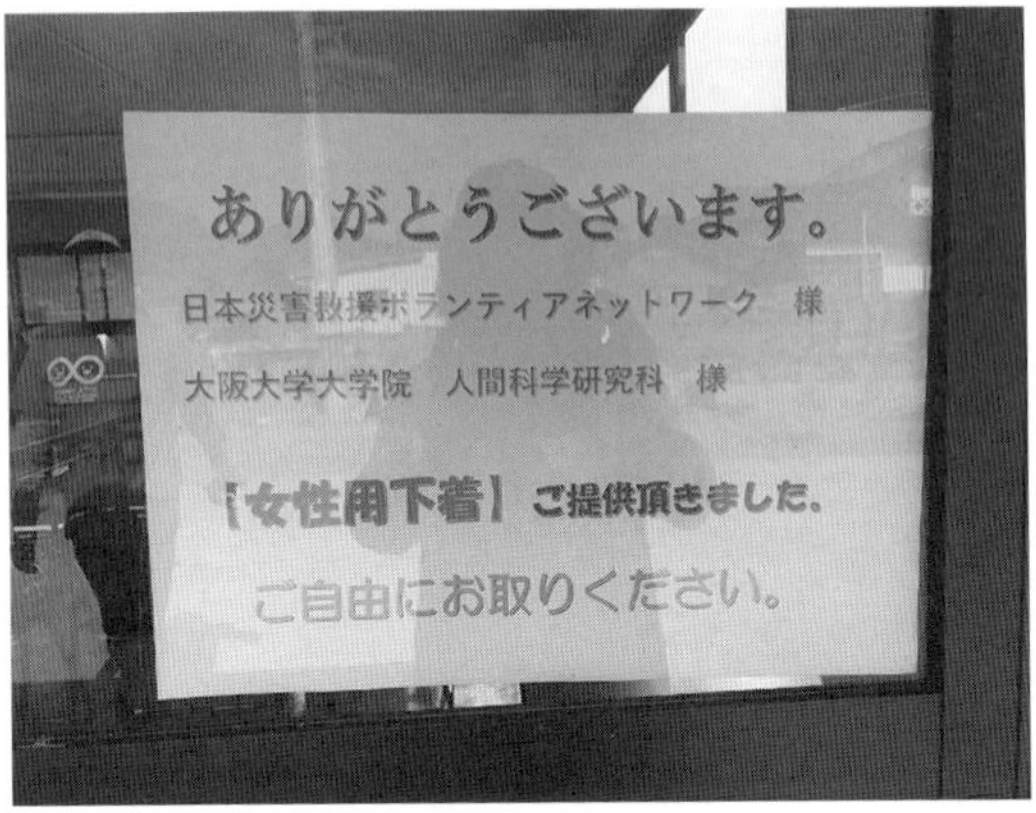

図11-2　C町の物資配布場所で見られた掲示
（筆者撮影）

もう一つの工夫は、B市に隣接するC町への救援である。B市がメディアに大きく採り上げられたのに対し、C町はあまりとりあげられなかった。そのため、駆けつけるボランティアが少ないのではないかと考えて訪問してみた。C町の災害ボランティアセンターで尋ねてみると、ニーズには対応できているということであったが、実際に被災したと聞いたある地区の公民館に行ってみると、案の定、ほとんどボランティアが来ていないとのことであった。その集落は、一七軒のうち一四軒が床上浸水していたというのに……片付けていると、救援物資が不足していることも分かった。尋ねてみると、女性の下着とのこと。災害NPOの女性スタッフから、人間科学研究科の修了生の勤める企業へと連絡してもらい、必要な物資を寄付してもらえることになった。持ち込んだ物資は、ボランティアとして参加した人間科学研究科の中国人留学生とともに一軒一軒訪ねてまわって配付した。途中、私が配りましょうと仰る現地の方が現れたのでまとめて渡した。後日訪問してみると、感謝の掲示がなされていた（図11-2）。

(3) 個別支援は広がりに欠けるのか？

確かに、災害ボランティアセンターを介した活動は、多くの市民が参加できることから、被災者をより効率的に支援できそうである。しかし、効率的ではあっても、いわば「猫の手も借りたい」ときの「猫の手」でしかないという恨みがある。被災したことに当惑し、どうしたらいいか途方に暮れている被災者に寄り添うような活動は、こうした効率的な活動からは生まれてこない。一方、小さなチームで個別支援を展開すると、困難な状況にある被災者にじっくりと寄り添いながら活動することができる。被災して途方に暮れる住民にじっくりと寄り添っていくことは、災害直後の救援だけでなく、その後の復旧・復興への大切な礎となるはずだという思いもある。しかし、支援できる被災者の数は極めて限定されたものとなってしまい、多くの被災者を支援することは不可能となる。

振り返れば、他の被災地でも実は、災害ボランティアセンターを介する活動と、介さない個別の活動のいずれのタイプの活動も災害ボランティア活動として広がってきた。そして、両者はそれなりにバランスをもって展開されてきた。ところが、二〇一六年熊本地震の頃から、災害ボランティアセンターは、社会福祉協議会の秩序の元で運営されることが最善とされるようになった。また、災害NPO等も災害ボランティアセンターと連携しながら、相互の連絡調整を進めることが求められ、情報交換会議が組織されてより効率的な動きが模索されている。そのような動きの中で、ついに、災害ボランティアセンターを通さないボランティアが「野良ボラ」と呼ばれるような事態さえ発生してきた。被災者の個別支援という流れは、どうも分が悪いという現状がある。

しかし、たまたま出会った被災者を個別に支援することは、本当に広がりを生まないのだろうか。ここに理論の出番がある。第三節で理論的に解明しよう。

2　「どうすれば助け合う社会に近づけるのだろうか」——被災地のリレーの効果

ボランティア元年と言われた阪神・淡路大震災（一九九五年）から二四年が経過した。その間、数々の災害が発生し、災害ボランティアが活動を展開してきた。多くの人々が災害ボランティア活動に参加した経験をもち、それを語り、また、災害ボランティア活動を目の当たりにしたことのある被災地が日本に点在する。確かに、個々の災害を見れば、被災者はもとより、災害ボランティアの間でも、お互いに助け合う気持ちが持てただろうし、実際に助け合って復興へと進んでいる。しかし、そうした気持ちが伝播して、互いに助け合う社会へと近づけただろうかと問うと心許ない。こうした状況の中で、災害ボランティアはどのような工夫をしてきただろうか。

⑴　被災地のリレーという工夫

実は、互いに助け合うという行為を伝播する活動が展開されている。災害ボランティアから支援を受けた被災地の人々が、今度は災害ボランティアとなって、次の被災地を助けるという実践である。筆者は、このことを「被災地のリレー」と称してきた。渥美（二〇一四）[2]に収録した事例を再度整理して紹介しよう。中越沖地震の被災地で災害ボランティアからの支援を体験した（いわば元）被災者たちが、東日本大震災の被災地の住民に対して展開した被災地のリレーである。

事例3　中越沖地震の被災地刈羽村から東日本大震災の被災地野田村へのリレー

朝の気温がマイナス七度を記録した二〇一一年一二月一〇日、岩手県野田村役場の前の駐車場に刈羽村から来たバスが到着した。刈羽村社会福祉協議会の面々と村民合わせて一五名が、夜行バスの疲れも見せず降り立った。筆者が理事長を務める災害NPO「日本災害救援ボランティアネットワーク」も、この日、西宮からのバスを運行した。筆者は先に野田村に入り、二台のバスを迎えた。双方のバスに、互いに顔見知りのスタッフがいるため、バス間の事前の調整は万全で、すぐに活動が始まった。まず、刈羽村の方々が中心となり、泉沢地区にある仮設住宅で餅つきを行ったのを皮切りに、集会所での交流会、趣味の手芸について技術や作品の交換などが始まった。あれこれと細かく計画されたプログラムなどはおよそ不要であり、刈羽村の住民と野田村の住民は、まるで以前からの知り合いであるかのように会話を交わし、溶け合うような交流を展開する姿が見られた。会場には、西宮、刈羽、野田のリレーであることを示す横断幕も飾られた。

また、新潟県柏崎市の企業から協力を得て持参したお菓子は、五カ所に分散されている仮設住宅の全戸に対し、一軒ずつ手渡しで配布された。どこに行っても、すぐに会話が始まり、時に、野田村の方も刈羽の方も、被災当時を思い出して涙される場面があった。夕方からは、野田村を支援する団体・個人で結成したチーム北リアスと泉沢仮設住宅の方々とが一緒に開催してきた月例交流会と野田中学校仮設住宅で同時開催された交流会に別れて参加し、今度は「新潟の酒と岩手の酒の飲み比べだぁ」などと賑やかに交流が始まった。途中、参加者から歌は出る、思い出話に花が咲く、大いに盛り上がる中、あちらこちらで、被災体験を含む深刻な話が繰り広げられていたことも印象的であった。

この日の活動を通して、刈羽村からのボランティアが、野田村で被災された方々への想いを届けようと、野田村各地で懸命に活動している姿は、多くの人々の胸を打つものであり、翌朝の地元紙にも採り上げられた。筆者自身、二〇〇七年の中越沖地震の救援活動からずっと交流を続けてきた刈羽の方々の姿に、あの当時大変だった刈羽村が重なり、「いつか、同じ苦しみにある方々の傍に寄り添いたい」と仰っていたことが実現したことに感銘を受けていた。参加者からは、「こうしてここにお返しさせて頂くことが、私たち支援を受けた者の務めだと思います」といった声が聞こえた。

こうした被災地のリレーは、その後も広がりを見せている。実際、本シリーズ第一巻『食べる』[9]にも紹介したように、今度は、東日本大震災の被災者が、二〇一六年熊本地震の被災地で炊き出しを行ったのだった。

(2)　被災地のリレーは広がるのだろうか？

確かに、被災地のリレーは、受けた恩を、相手は違えどお返しするという意味で、理解できる活動であるし、心情的にも賛同を得やすいと思われる。しかし、被災地のリレーの事例を見ているだけでは、ふとわき起こる疑問には答えられない。つまり、被災地どうし助け合うのはよいが、それは、社会のほんの一部であって、広がりを生まないのではないかという疑問である。これまで、過去に支援を受けた人々が、次の災害の被災地を支援する傾向にあることは調査研究(7)やシミュレーション研究(4)で判明している。しかし、被災地のリレーを展開することが、助け合う社会の構築へとつながるのだろうかという問いにはまだ明確な応えは出ていない。やはり、ここに理論の出番がある。次節で理論的に解明しよう。

3　スモール・ワールド実験からネットワーク理論へ

本節では、災害ボランティアがどのように助けるか、どうすれば助け合う社会に近づけるかという二つの問いをまとめて少し理論的に考えてみよう。実は、第一節、第二節で検討した疑問に応えてくれる理論がある。具体的には、社会心理学の実験研究に端を発し、数学者によるシミュレーション研究を経て、ネットワーク理論として成立している理論である。最近、これらに注目して「観光客の哲学」を展開した東浩紀氏の議論(3)を参照しながら議論を進めてみよう。ただし、厳密に数学的な記述ではなく、直感的な記述に留めて紹介しよう。

アメリカの社会心理学者スタンレー・ミルグラムは、一九六七年にスモール・ワールド実験という面白い実験を行った[6]。日本でも人間科学研究科で追試が行われたりした有名な実験である。日本に置き換えて紹介すると、まず北海道在住の人を一人選ぶ。次に沖縄県在住の人を一人選ぶ。勝手に選んでいるので、両者が知り合いという確率はほぼゼロに近い。そして、北海道の人にこの沖縄の人を知っているかと問うと、(ほぼ確実に)知らないとの回答を得る。知らないのであれば、その沖縄の人を知っていそうな人を紹介して欲しいと願う。紹介された人にその沖縄の人を知っているかと問う。やはり知らなければ、知っていそうな人を紹介してもらう。こうして次々と紹介してもらって、最終的に何人を介せばその沖縄の人を知っているという人にたどり着くか、その人数を見てみる。狭い日本といえども一億人以上の人口があるから、なかなかその沖縄の人にはたどり着かないと想像できる。では、何人ぐらい介せばたどり着くだろうか。一〇〇万人? 一万人? 一〇〇〇人? ……実は、驚くべき事に五〜六人でたどり着くのだということが判明した。つまり、**It's a small world!**(世間は狭い!)ということで、スモールワールド実験と呼ばれている。

それから三〇年以上経った一九九八年、数学者のワッツとストロガッツは、なぜこんなことが起こるのかをシミュレーションによって明らかにした[8]。あまりに直感的ではあるが、いわば「隣近所仲良くしよう」というやり方だけでは、いくら知り合いの知り合いは知り合いだと言ってみても、大人数になると、見知らぬ人と知り合いであるというようなスモールワールドにはならないというのはわかりやすい。では、少し形式的だが、二軒隣の人と仲良く、三軒飛ばして仲良くなどとやってみてもなかなかつながらない。実は、色々試してみた結果、ランダムに知り合いになるというルールが入ってくると、見知らぬ人と知り合い（の知り合いの知り合い……）である率が一挙に高まるということが示されたのである。ごくわずかな人を通じて、直接の知り合い以外の人につながることができる状態をスモールワールド性と呼ぶことにする。

一方、新たに人間関係を構築する時には、いわゆる顔の広い人と知り合うとネットワークが広がるということを体験することは多い。その結果、人と人とのネットワークを見てみると、いわゆるハブになる人が点在しているという実感は多くの人が持つだろう。このことをやはり数学モデルで説明したのがアルバートとバラバシという研究者である。[1] このモデルを契機に、ネットワーク理論はさまざまな社会現象に当てはめられ、また、それらをヒントにしてさまざまなネットワークが作られるようになっていった。ここでは、特定の人が圧倒的に多くのつながりを持っている状態をスケールフリー性と呼ぶこととし、その特徴として、新たにネットワークに加わる人が、そのネットワークの中で、人気のある人と優先的に繋がろうとするということをおさえておけば十分である。

さて、スモールワールド実験、スモールワールド性、スケールフリー性を紹介したが、最後に東（二〇一七）の指摘を、やはり、極めて簡単に、関係する部分に限って紹介しておきたい。現代社会を省みるとき、権力や資金が集中して硬直化している現状がある。それを何とかしようとするとき、どのような戦略があるだろうか。ここまで紹介した言葉を使って言えば、スケールフリー性に満ちた状況を打破して、スモールワールド性を取り返すにはどうすればいいだろうかということになる。ここで東が提示するのが、誤配の戦略である。少数のハブに集中してしまいがちなネットワークをつなぎ替えるという戦略である。そのつなぎ替えを、ランダムに行えばスモールワールド性が戻ってくるというわけである。言い換えると、放っておけば人気のある人に集中してしまうネットワークの性質（スケールフリー性）を、誤って（でもいいから）ランダムに別の人につなぎ替えて、スモールワールド性を回復する戦略である。もちろん、それを実際にどのように進めるのか、それで社会は変わるのかといった点はまだ実践されたわけではないが、誤配の戦略を大まかにつかめたところで、災害ボランティアの問いに立ち戻ることにしよう。

4　災害ボランティアが積み重ねてきた工夫の意義

本章では、まず、いかに助けるのかという問いに対して、災害ボランティアが積み重ねてきた工夫を紹介してきた。具体的には、災害ボランティアセンターを介して助けるという工夫と個別支援という工夫を事例とともに検討してみた。しかし、現状では、両者を同時に行うのが関の山であり、最近では、どうも個別支援は広がりがないといって分が悪いのが現状であった。

しかし、誤配の戦略を知った今、個別支援の展開は意外に広がりをもつと考えられないだろうか？　災害ボランティアセンターという場所へと災害ボランティアが集中し、そこで確実に把握しているニーズへと活動が誤りなく采配される中で、個別支援はランダムに被災者に出会っているだけだから広がりがないように思えていた。ところが、個別支援は誤配の戦略を遂行していると考えればどうだろうか。実は、さまざまな資源（ニーズや情報やボランティアなど）が集中してしまう災害ボランティアセンター経由の活動は硬直化しがちなのに対し、一見ふらっと訪れるだけの個別支援は、災害ボランティアセンターに集中する流れをつけ替える役目を担っているのではないだろうか。だとすれば、個別支援こそが柔軟に人々をつなぐ支援になっていることになる。

本章では、次に、どうすれば助け合う社会に近づけるのかという問いに対して、災害ボランティアが積み重ねてきた工夫として、過去の被災地の人々が現在の被災地の人々を助けるという被災地のリレーを紹介した。具体的には、中越沖地震の被災者が東日本大震災の被災者を支援し、東日本大震災の被災者が熊本地震の被災者を支援した事例であった。ところが、被災地が限定されている以上、被災地どうしの支援に注目しても、支援が広がらないし、それでは助け合う社会へと進めないのではないかという疑念が残っていた。しかし、誤配の戦略を知った今、被災地のリレーには、意外な広がりが期待できるのではなかろうか。自然災害は、次にどこで起こるか分からないから、リレーの行き先は、いわばランダムに選ばれているようなものである。また、被災地と言っても、個別支援の事例にあったようにB市の隣のC町という具合にある程度の範囲で被災地を複数含んでいれば、多様な被災地が多様な被災地へとリレーしていくことになる。しかも、それがランダムに。これはスケールフリー性からスモールワールド性へと転換していくことになる。だとすれば、被災地のリレーは狭い範囲の閉じられたネットワークを形成すると言うよりも、世間は狭いという意味でのスモールワールドを実現していく、言い換えれば、助け合う社会へと近づくための工夫だと言えるのではなかろうか。

おわりに

災害ボランティアは、いかに助けるのか、どうすれば助け合う社会に近づけるのかという問いに向き合ってきた。そして、災害ボランティアセンター、個別支援、被災地のリレーなどさまざまな工夫を凝らしてきた。本章では、ネットワーク理論を用いてその意義を考察してみた。実は、それは、工夫を凝らす災害ボランティア自身が発する声に呼応するものであった。例えば、個別支援を行う災害ボランティアからは、「他の人が行かないところへ行く」という声が聞こえる。被災地のリレーを展開する災害ボランティアからは、「助けられるばかりでは心苦しいので、恩返し(恩送り)に行く」という声が聞こえる。確かに直感的な発言ではある。しかし、まさに「彼らはこのことを知らない。しかし、彼らはこれをなすのである」（マルクス）[5]を地で行くようなものである。一度は、こうして本章のような理論的な考察を行っておくことが、災害ボランティアの直面する問いを鍛え上げて行くことにつながればと願っている。

引用文献

（1）Albert, R., Barabási, A. L., (2002). Statistical mechanics of complex networks. *Reviews of Modern Physics*, 74, 47–97.
（2）渥美公秀（二〇一四）『災害ボランティア』弘文堂
（3）東浩紀（二〇一七）『観光客の哲学』genron
（4）Daimon, H., Atsumi, T., (2017). "Pay it forward" and altruistic responses to disasters in Japan: Latent class analysis of support following the 2011 Tohoku Earthquake. *Voluntus*, DOI 10.1007/s11266-017-9880-y.
（5）マルクス・カール（一八六七）（向坂逸郎訳）『資本論――経済学批判』岩波文庫
（6）Milgram, S. (1967). The small world problem. *Psychology Today*, May, 60–67.
（7）三谷はるよ（二〇一五）一般交換としての震災ボランティア――「被災地のリレー」現象に関する実証分析――『理論と方法』三〇（一）、六九‐八二
（8）Watts, D.J., Strogatz, S.H. (1998). Collective dynamics of 'small-world' networks. *Nature*, 393 (6684), 440–442.
（9）八十島安伸・中道正之（編）（二〇一八）『シリーズ人間科学1　食べる』大阪大学出版会

参考図書

・渥美公秀（二〇一四）『災害ボランティア：新しい時代のグループ・ダイナミックス』弘文堂
東日本大震災直後から、著者が、研究者、災害NPOのメンバー、災害ボランティアとして行った現場研究を紹介し、グループ・ダイナミックスの視点から理論的・実践的考察を行っている。

・東浩紀（二〇一七）『観光客の哲学』genron
特定のコミュニティに住みながら各地を移動する観光客に注目して、現代社会の現状を哲学的に考察し、現状を変革するための方略――誤配の戦略――を提示した本である。災害ボランティアに限らず、何と結びつけて考えるか。考察することの楽しみを伝えてくれる。

・矢守克也・渥美公秀・近藤誠司・宮本匠（二〇一一）『防災・減災の人間科学：いのちを支える、現場に寄り添う』新曜社
災害救援、復興支援、地域防災の場面で出会うさまざまな言葉（用語）について、通り一遍の解説ではなく、理論的・実践的にじっくりと考えて、簡潔にわかりやすく説明。もう一歩先を考えてみようとする読者に。

［わ行］

[た行]

[な行]

[は行]

[ま行]

[や行]

[ら行]

索　引

篠原　一光　（しのはら・かずみつ）
大阪大学大学院人間科学研究科・教授。専門は認知心理学、人間工学、交通心理学。

〈主な業績〉

篠原一光・中村隆宏編著（2013）『心理学から考えるヒューマンファクターズ　安全で快適な新時代へ』有斐閣

原田悦子・篠原一光編著（2011）『現代の認知心理学 4　注意と安全』北大路書房

山田　一憲　（やまだ・かずのり）
大阪大学大学院人間科学研究科・講師。専門は比較行動学。

〈主な業績〉

山田一憲（2016）霊長類のコンフリクトと共生．河森正人・栗本英世・志水宏吉編著『共生学が創る世界』大阪大学出版会，196-208

山田一憲（2017）霊長類における平等と利他性の起源について．『日本の科学者』52 94-100

井村　修　（いむら・おさむ）
大阪大学大学院人間科学研究科・教授。専門は臨床心理学。

〈主な業績〉

井村修（2018）筋ジストロフィーの人のこころと援助．松井三枝・井村修編『病気のひとのこころ』誠信書房．34-52

村上　靖彦　（むらかみ・やすひこ）
大阪大学大学院人間科学研究科・教授。専門は、現象学、現象学的な質的研究。

〈主な業績〉

村上靖彦（2018）『在宅無限大　訪問看護師が見た生と死』医学書院

村上靖彦（2017）『母親の孤独から回復する』講談社

村上靖彦（2016）『仙人と妄想デートする　看護の現象学と行為の哲学』人文書院

渥美　公秀　（あつみ・ともひで）
大阪大学大学院人間科学研究科・教授。専門は共生学、グループ・ダイナミックス。

〈主な業績〉

渥美公秀（2014）『災害ボランティア』弘文堂

渥美公秀（2001）『ボランティアの知』大阪大学出版会

稲場　圭信　（いなば・けいしん）

大阪大学大学院人間科学研究科・教授。専門は共生学、宗教社会学。

〈主な業績〉

稲場圭信（2011）『利他主義と宗教』弘文堂

稲場圭信・黒崎浩行編著（2013）『震災復興と宗教』明石書店

山中　浩司　（やまなか・ひろし）

大阪大学大学院人間科学研究科・教授。専門は、医療社会学、科学思想史。

〈主な業績〉

山中浩司（2011）『医師と回転器／19世紀精神医療の社会史』昭和堂

大村英昭・山中浩司編『とまどう男たち　死に方編』大阪大学出版会

髙田　一宏　（たかだ・かずひろ）

大阪大学大学院人間科学研究科・教授。専門は教育社会学、同和教育論。

〈主な業績〉

髙田一宏（2016）「部落問題と教育――見えない排除」志水宏吉編『社会のなかの教育』（岩波講座　教育　変革への展望　第2巻）岩波書店、229-257

髙田一宏（2019）『ウェルビーイングを実現する学力保障――教育と福祉の橋渡しを考える』大阪大学出版会

杉田　映理　（すぎた・えり）

大阪大学大学院人間科学研究科・准教授。専門は国際協力学、開発人類学。

〈主な業績〉

杉田映理（2017）参加するの私たち――大学生の国際ボランティア活動参加の動機と意義．信田敏宏・白川千尋・宇田川妙子編著『グローバル支援の人類学――変貌するNGO・市民活動の現場から』昭和堂．92-126

杉田映理（2011）エミックな視点から見えるトイレの問題――現地社会の内側からの理解とは．佐藤寛・藤掛洋子編著『開発援助と人類学――冷戦・蜜月・パートナーシップ』明石書店．106-127

大阪大学大学院人間科学研究科
「シリーズ人間科学」編集委員会（五十音順）

執筆者紹介（執筆順）

檜垣　立哉　（ひがき・たつや）

大阪大学大学院人間科学研究科・教授。専門は哲学、現代思想。

〈主な業績〉

檜垣立哉（2008）『賭博／偶然の哲学』河出書房新社

檜垣立哉（2010）『瞬間と永遠　ジル・ドゥルーズの時間論』岩波書店

栗本　英世　（くりもと・えいせい）

大阪大学・副学長、大学院人間科学研究科・教授。専門は、社会人類学、アフリカ民族誌学。

〈主な業績〉

Kurimoto, Eisei and Simon Simonse（eds）（1998）*Conflict, Age and Power in North East Africa*. James Currey.

栗本英世（1999）『未開の戦争、現代の戦争』岩波書店

河森正人・栗本英世・志水宏吉編（2016）『共生学が創る世界』大阪大学出版会

編者紹介　＊　主な業績は執筆者紹介に記載

渥美　公秀　　大阪大学大学院人間科学研究科・教授

大阪府生まれ。1993年ミシガン大学大学院修了、博士（Ph.D. 社会心理学）。

神戸大学助教授、大阪大学大学院人間科学研究科准教授を経て、2010年から同教授。日本グループ・ダイナミックス学会理事。阪神・淡路大震災以来、災害ボランティアと救援・復興・防災について研究してきた。（認特）日本災害救援ボランティアネットワーク理事長を務める。

稲場　圭信　　大阪大学大学院人間科学研究科・教授

東京都生まれ。2000年ロンドン大学大学院博士課程修了、博士（Ph.D. 宗教社会学）。

神戸大学助教授、大阪大学大学院人間科学研究科准教授を経て、2016年から同教授。日本宗教学会理事。20年以上にわたり、宗教の社会貢献や宗教的利他主義を研究してきた。

現在、科学技術も活用し、宗教施設を地域資源とした防災に産官社学連携で取り組んでいる。

シリーズ人間科学 2

助ける

発行日　2019年3月29日　初版第1刷　　〔検印廃止〕

編　者　渥美 公秀・稲場 圭信

発行所　大阪大学出版会
代表者　三成賢次
〒565-0871
大阪府吹田市山田丘2-7　大阪大学ウエストフロント
電話：06-6877-1614（代表）　FAX：06-6877-1617
URL　http://www.osaka-up.or.jp

カバーデザイン　小川順子
印刷・製本　株式会社 遊文舎

ISBN 978-4-87259-619-9　C1330